目次

はじめに

日本が太平洋戦争に至る流れを分析するにあたって、当時の政治や軍の動きについては現在、無数の著作が出ており、興味のある人間であればそのような書籍やＴＶのドキュメンタリー放送を目にしたことが、一度ならずあるだろう。

だがその一方で、戦前・戦中の一般市民がどのように当時の仮想敵国または交戦国である米国やソ連を見ていたか、またそれと比較して日本の軍備をどう評価していたかについては、ほとんど知られていない。

当時は信頼できる世論調査もなく、また戦後になってからの「国民は望まぬ戦争協力を無理強いされていた」といった類いの「神話」の流布により、イメージが歪められた感もある。

現在、ある程度以上の年配の人間なら、かつての東西冷戦時代「もしソ連が日本に攻めてきたら」とか、「第三次世界大戦が勃発したら」というテーマの小説や軍事関連書籍が多数出版されていたことはよく知っているだろう。

また八十年代末〜九十年代初頭にかけて、日米貿易摩擦が大きな社会問題になっていた時期には、「将来起こるかもしれない日米戦争」をテーマにした同様の書籍が世を賑わせていたことを覚えている人も多いだろう。

そしてこれは、戦前の日本でも同じであった。

当時は情報の不足から日米ともに相手に対する理解が浅く、いわゆるミラー効果により相互批判のエスカレートが起き、太平洋を挟んで多くの論客・書籍が「将来起こりうる日米戦争」「日米戦争不可避論」を熱心に論じていたのである。

特に第一次大戦後、一九二五年（大正十四年）に出版されたバイウォーターの小説『太平洋戦争』にて日本が敗北することが描かれ、それがベストセラーになると、その結論に反発する側から、日米戦で日本が勝利することを描く小説が多数出版され、昭和初期には「日米未来戦記」が大ブームとなったのだ。

そして移民問題や軍縮条約、そして中国市場を巡って日米の対立が繰り返され、昭和六年の満州事変を直接のきっかけとして、日本が国際的な孤立へと大きく舵を切ると、否応なく日米戦への関心は高まり、日米両国の軍事力への分析や将来の日米戦に対する予想を行なった書籍が多数出版されたのである。

無論、そのような書籍が直接、国政を動かしたわけではないが、当時の一般的な日本人がいかなる認識のもとで、対米戦へと突き進んでいったのか考える一助となろう。

たとえば、「戦前の日本では華々しい正面装備にばかり重点を置き、補給・兵站を軽視していた」といわれることは多い。

確かに大戦中の日本軍は補給において数々の失敗を繰り返し、またインパール作戦のように明らかに補給を軽視した作戦も実在することから、それが当時の一般的な認識であったと思われても仕方がない面はある。

だが実際の戦前の軍事書籍においては、むしろ補給の重要さを説き、太平洋を横断して日本に攻めてこなければならない米国が補給に苦しむであろうことを根拠に、日本の優勢を論じるものが大半なのである。

同様に、「艦艇ばかりに目を奪われて、港湾設備の重要さを認識していなかったため、真珠湾攻撃では港湾設備を攻撃しなかった」などといわれることもしばしばあるが、当時の書籍では艦艇よりも港湾設備の重要さを述べた上で、西太平洋における日本の優位を説き、日米艦隊決戦での日本勝利を唱えるか、少なくとも勝算を語るものが多い。

また日本の優勢を謳いつつも、その一方で米国の国力・資源が日本を圧倒しており、いざ戦争となれば膨大な兵器を生産してくるであろうこと、そのため長期戦では日本が不利であるという点についても支持・不支持の両方の立場で何らかの言及を行なうのが、当時の書籍においては定番の記述であった。

このように戦前・戦中の書籍を紐解くと、当時の日本人が決して神懸かりではなく、現在の日本人とさほど変わらぬ合理的な思考——そして現代と同レベルに非合理的な思考——を元に「将来の日米戦争」を予想していたことがうかがえるのである。

当然ながら、ここで紹介する書籍は全体から見ればごく一握り、氷山の一角でしかなく、当時の一般市民はもちろんのこと、書籍においても主流ということはできない。

しかしながら、それらは少なくとも当時の一般的な日本人が日米関係に何を想い、そしてそれがその後の日本にいかなる影響を与えたかを考えるにあたって、貴重な資料になるのである。

平田晋策著『われ等若し戦はば』（昭和八年八月発行）

どちらかといえば低年齢層向けに米国、ソ連、中国という当時の仮想敵国との戦争についての予見を示したものである。

その全てにわたって日本の勝利を唱え、また「アジアの代表として欧米に立ち向かう日本」との意識を強調した内容となっている。

戦前における威勢の良い主張を代表する一つの例として取り上げた。

財団法人有終會編『米國海軍の眞相』（昭和七年十一月発行）

日本海軍にとって第一の仮想敵国であった米海軍のみならず、米国の外交政策や国力についても、詳細に分析した書籍である。

序文にて当時の海軍軍令部次長、高橋三吉が推薦するなど、日米の対立が高まっていく時代において、日本において米国がどのように評価されていたかを考えるについて、非常に参考になる資料といえる。

石丸藤太著『日米果して戦ふか』（昭和六年八月発行）

同　右『昭和十年頃に起る日本對世界戦争』（昭和七年五月発行）

この二冊の著者石丸は当時、海軍少佐であった。

国際協調を重視する立場の論客の一人であった石丸が、昭和六年九月に勃発した満州事変を挟んでどのような認識を抱くようになったか、興味深い資料である。

福永恭助著『日本は勝つ』（昭和十八年五月発行）

ここで取り上げる書籍の中では唯一、太平洋戦争中に出版されたものである。

ガダルカナル島で敗北を喫し、戦局の前途に暗雲が立ちこめる時期に出版されたこの書籍は、当時の一般市民がなぜ戦争を支持したのか、そして日本の勝利を唱える側の立場からどのような主張がなされていたのかを示す内容となっている。

著　者

戦前日本の「戦争論」

――「来るべき戦争」はどう論じられていたか

凡例

(1) 引用部分は太字で示し、末尾に原本の掲載ページを掲げた。

(2) 引用部分の旧字体・旧仮名づかいは、原則として新字体・新仮名づかいに改めた。

(3) 引用部分には現在では不適切と思われる表現も含まれているが、歴史的背景の理解に資するためそのまま掲載した。

『われ等若し戦はば』を読む

平田晋策 著

昭和八年八月発行
講談社

『われ等若し戦はば』——目次

著者の平田晋策は明治三十七（一九〇四）年生まれ、昭和十一（一九三六）年に自動車事故で若くしてこの世を去った、昭和初期の作家・軍事評論家である。

特徴的な点として当時の軍事評論家にしては珍しく軍歴を持たず、比較的一般市民に近い立場で軍事を論じていた。

作家としては、当時ブームであった日米未来戦記や冒険小説を手がけ『昭和遊撃隊』『新戦艦高千穂』『怪魔火星戦隊』などが代表作である。

また軍事評論家としては、本書以外にも『我等の仮想敵　労農赤軍』（昭和六年）、『われ等の陸海軍』（昭和七年）、『われ等の海戦史』（昭和十年）といった「われ等シリーズ」や『陸軍読本』『海軍読本』（共に昭和七年）など多数の著作を残している。（なお最初の『我等の仮想敵　労農赤軍』のみ「我等」であり、あとは「われ等」）

一連の「われ等シリーズ」の内容は講談調の勇ましい語り口で日本軍の強さ、そして仮想敵国の脅威を唱えるものとなっている。

本書出版と同じ年の二月に日本は国際連盟を脱退したばかりでもあり、また米国、ソ連、そして中国と広大な国土、および膨大な兵力を有する仮想敵国に囲まれた状況下にあって、少なくない国民が国際的孤立を不安視したであろう時期に出版されたこの『われ等若し戦はば』は、そういった不安を払拭する勇ましい内容が特徴的であり、実際に少なくない支持を集めていた模様である。

なお本書は比較的低年齢層向けであり、漢字には全て読み仮名をつけるなど、高等教育を受けていない人間にも読みやすく工夫して書かれている。内容の是非はともかく、現在ほど高等教育の普及していなかった当時の日本では、難しい専門書よりもこのような書籍の方が遥かに広く受け入れられたであろうことは間違いない。

戦いたくはないが

本書の序文にあたる部分である。ここでは日本は周辺諸国と積極的に戦う意志はないとしながらも、極東の平和のために中国（文中では「支那」）と戦い、また世界一の陸軍を持つソ連と、同じく世界一の海軍を持つ米国を共に仮想敵国としており、これらの国が脅威となっている点を述べている。

当然ながら満州事変に始まった一連の中国との武力衝突は、日本の正当性を強調するもので、「狂犬のような支那の賊兵を打ちこらすため」などとしている。

当時のマスコミや知識人の大部分が同様の主張を展開して世論を動かし、それが統帥権問題とも絡んで日本政府・議会が現地軍の暴走を容認するという悪しき前例を作ってしまったことは広く知られているが、本書の記述はそういった威勢の良い主張の代表的な例であり、そのような意見が幅を利かせていた世相がうかがえる。

そして日本の陸軍はソ連(文中では「ロシヤ」)の三割、海軍は米国の六割でしかないことを述べて、軍を「なくてはならぬ護身の一刀」と説いている。

ここでの記述は米国とソ連を恐れ、中国を見下した感を受けるが、それが当時の日本人の一般的な認識であったのだろう。

太平洋に戦はば

本書の前半部分にあたるここでは、太平洋において起こりうる日米戦についての説明が主な内容となっている。

武装の海

この章では、太平洋において米国が日本を攻める体制を整えつつあることを説明している。

「太平洋の地図を広げて見るがいい。

サンフランシスコを中心として、米国海軍は全太平洋に、点々として海軍根拠地をくばっているではないか。

しかも、それがみな、戦略上から見ると、日本を攻撃するための根拠地ではないか」（16ページ）

このように述べ、サンフランシスコやパナマ、シアトル、アラスカといった米国西岸の基地を説明した上で、最も重要な拠点としてやはりハワイを挙げている。

「しかし、米国海軍が、一番重んじているのは、何と言ってもハワイだ。パール軍港だ。太平洋のただ中にぽつんとおかれた緑の群島ハワイこそ、英国海軍が『太平洋のジブラルタル』とよび、僕等は『第二の旅順』とよびたい島である。軍港の名は優しくも『真珠（パール）』というのだが、真珠は真珠でも、コイツは恐しい魔の黒真珠だ。禍の島だ。

実におどろくべき難攻不落の、大要塞である。米国海軍の大兵術家マハン大佐が、『ハワイは神が米国のために造り給うた太平洋作戦の根拠地である』と威張るのも無理はない。

もしも、この島を攻め落とす将軍があったら、彼は戦争の神様だ。二十世紀のナポレオンだ」（18ページ）

この文を皮切りに、本書では繰り返し真珠湾の脅威を説いている。現在の日本では太平洋戦争関連以外であまり報道されない真珠湾だが、当時の日本人が非常に脅威視していたことがうかがえるだろう。

さらに、ハワイ以西の基地としてミッドウェーやグアムなどの島々、そしてフィリピンを挙げて、これらの根拠地と米国艦隊が太平洋を支配しようとしていると説いている。

極東海上の第一戦

この章では、日米海戦が当初いかなる経緯を辿るのかについての説明がなされ、その緒戦となる極東での戦闘について述べられている。

「これから、いよいよ海戦の予想に入る。その前に繰り返して断っておくが、太平洋戦争は、決して日本が起すのではないのだ。日本海軍は極東を守ること以外に、何も考えていないのである。根拠地のくばり方も、陣の布き方も、どう見ても、『米国を攻めよう。』とする形になっていない。

だから米国海軍が、東洋へやって来なければ、海戦は絶対に起らないのである。戦争が厭なら、米国連合艦隊は、断じて錨をあげてはならぬのだ」(23～24ページ)

実際には太平洋戦争は真珠湾攻撃で日本が引き起こしているが、これもまたよく知られているように、日本海軍の長年にわたって研究されてきた戦略は、ここにあるように米艦隊を待ち受けて迎撃するものであり、また米国の戦略も大艦隊を押し立ててフィリピンへと向かうものであった。

その是非はともかく、史実の太平洋戦争が日米双方の戦前の予想を大きく裏切る形で勃発したのは確かだろう。

そして本質的に「攻める」海軍ではない日本海軍が、インド洋から中部太平洋までの広大な地域を戦場にした時点で、既に戦争に敗れていたとは言い過ぎであろうか。

本題である海戦の予想として、当時の中国には日米を含む列強諸国が自国民と権益の保護のため、軽艦艇を多数配備しており、この揚子江での戦闘から説明しており、米国の惨敗で終わることが明らかという結論を示している。

無論、それは戦場が日本本土のすぐそばにあるからであり、「メキシコの海岸で戦争が始まったら、きっと米海軍が勝つのと同じわけである」と述べている。

またここでは、中国海軍が米国側に立って参戦する可能性が高いことを述べているが、戦力の貧弱な中国海軍は全く日本海軍の相手にならず、揚子江での戦いは日本の独り舞台だという結論が示されており、当時の認識では揚子江周辺は、いつでも日本海軍が制圧できると考えられていたことを示しているといえるだろう。

さらにフィリピン攻防戦について論じているが、こちらは以下のようにあなどれない戦力があると述べて警戒を呼びかけている。

「ここの要塞は一等要塞だから、上海の呉淞砲台のような、あんな貧弱なものではない」

「『一人も上陸出来ぬ。』なんてことは、絶対にないが、支那軍相手に上海へ上陸するような訳には行かないのだ。海岸近く、あるいは海の水が、あかく血に染まるようなことが、あるかも分からぬ」

「『たかがフィリピンが何だい。』と思っている人が大分あるようだが、あまり軽蔑していると、とんだ怪我をするかも分からないのである」

「わが軍が十八番の野戦で、敵をマニラ要塞まで追い詰めても、マッキンレー砲台にかれ等が立てこもったら、一寸、一揉みに揉みつぶす訳にはいかないのである」(30～31ページ)

このようにフィリピンを落とすには、少なくない犠牲を覚悟せねばならないことを説いた上で、その攻略の必要性を強調している。

「しかし、フィリピン戦を仮定すると、わが軍としては、どんな苦戦をしても、どうしても、この二つの根拠地を早く取っておかないと、後の戦争が出来ないのである。フィリピンをほっておいたら、アジア艦隊はここを根城にして、暴れまわり、日本の汽船は、一隻だって、台湾から南へ行けなくなるのだ。

その中に、ハワイから援軍が来れば、かれ等は悠々と、ボーイングやカーチスの爆撃機で、日本を空襲する事が出来る。さらに航空母艦が一隻来れば、夜のとばりに隠れて日本の近海に出没し、長崎、大阪、名古屋、東京と、海岸に近いわが工業の中心地を片っぱしから狙いうちに奇襲することができるではないか」

「それでは又、一方から考えて、この島がわが軍の手に入ったら、どうなるか、作戦の上から見て、どんなに役に立つか。（中略）まずマニラ要塞に潜水艦の根拠地をおくと、南支那海が、軍事上、完全に日本の海になってしまう。

もしも、その時支那が米国と一緒になって、わが国と戦っていると仮定すると、フィリピンの占領で、それこそ支那は全海岸を封鎖されて、糧道を絶たれてしまうだろう」

（33～34ページ）

このように日米双方にとってフィリピンの軍事的価値の高さについて説明が行なわれているが、これは史実の太平洋戦争でもフィリピン攻防戦が「天王山」と呼ばれたことを見れば明らかである。逆をいえば、フィリピンを米国が抑えていたからこそ、日本は米国に宣戦布告せざるを得なかったとする見方もできるだろう。

そしてフィリピンの近くに英、仏、蘭、豪など各国の軍港が存在しているが、これらは中立を維持すると平田は見ていた。

無論、本書執筆時の国際情勢と太平洋戦争時をそのまま比較しても意味はないが、ここでも太平洋戦争時の日本が戦前の想定と大幅に異なる状況で開戦したことが分かるだろう。

さらに、フィリピンのアジア艦隊は、日米が開戦すれば即座に東シナ海で通商破壊作戦を行ない、日本を悩ませるであろうことも説いている。

史実における米アジア艦隊は、太平洋戦争の緒戦期に壊滅してしまったことから軽視されることが多いが、開戦前には第一次大戦で活躍した独アジア艦隊と同様に、遊撃戦で敵艦隊を振り回す働きをするものと考えられていたことが分かるだろう。

米国連合艦隊の出動

ここでは米主力艦隊（本文中では「米国連合艦隊」）に関して、まずサンフランシスコ湾の米海軍基地について説明した後、真珠湾（本文中では「パール湾」）の攻防戦の説明に移ることになる。

そしてここでは「米国司令長官の心配」として、「金剛級戦艦による強行偵察」「日本潜水艦」「日本陸軍の遠征」の三点を挙げているが、その中でも現在見返して興味深いのは以下のくだりである。


「日本には、『榛名』『金剛』『霧島』など、米国にない快速力の戦艦がある。これに航空母艦の『赤城』や『龍驤』をつけ、『那智』級の巡洋艦を加えて、一つの奇襲艦隊をこしらえたら、どうだろう」（44ページ）

「昭和八年の一月から二月にかけて、米国海軍はハワイ攻防演習をやったが、攻撃軍の航空母艦が、大胆にも、海岸近く七、八十浬のところまで侵入して、攻撃機の大群を飛ばしている。

この大群は雨をついて、パール軍港の上へと突撃し、もの凄い爆撃をやって、軍港を壊してしまった。むろん、これは仮想だ」(47ページ)

このように史実の真珠湾攻撃に通じる発想が、すでにこの時期には一般に知られていたことが分かる。逆をいえば、それでも奇襲を許した事実からは、平時の想定を現実に反映させることの難しさが理解できるといえよう。

またこれ以降も、米戦艦より五ノット優速な日本の「快速戦艦」についての記述は繰り返し行なわれており、主力艦隊の砲力では米海軍に格段の差のある当時の日本では、大きな期待が持たれていたことがうかがえる。

また後のアイオワ級戦艦が三三ノットという高速を与えられたのも、金剛級戦艦による遊撃戦への対抗策という面もあったといわれていることから、米海軍も同様の認識を持っていたのだろう。

さらにハワイ群島の日系人についても言及している。

「米国の司令長官には、以上の三つの心配のほかに、もう一つ頭痛の種がある。

それは、ハワイ群島に住む十四万のわが日本人を、どうするかということだ。どんなに私刑が好きな米国人でも、まさか支那の匪賊のように、大じかけの人殺しは出来ぬだろう」（53～54ページ）

ここでの「わが日本人」は、実際には「日系米国人」である。しかしながら当時、排日移民法をはじめとした米国による数々の日系移民抑圧政策が日米間のしこりとなっていたことを反映している記述だといえよう。

そして、もし民間人を弾圧すれば、「米国の歴史は、泥々に汚れてしまう」と述べている。良く知られているとおり、大戦中の日系米国人に対する差別政策は「米国史の汚点」の一つとなったが、逆にそのような状況下にありながら「米国人」として奮戦した日系人部隊（米国史上最も多くの勲章を得た第四四二連隊戦闘団が有名）の存在が戦後、日系人の地位を引き上げるのに大きく貢献したのもまた皮肉な事実である。

続いて米国の戦略として日本海軍戦力の分散を図るとして、アジア艦隊の通商破壊だけでなくアラスカから北海道を攻めるように見せ、また日本もアラスカへ逆襲することで行なわれる北の海での戦いについての説明がなされている。

史実の太平洋戦争でもアリューシャン諸島は自然環境の厳しさから主戦場とはならなかったものの、両国ともに相手国への近道と見なしたことで激しい戦闘も行なわれており、当たらずとも遠からずというところであろうか。

またここでは、ソ連の参謀がスーリンという変名で、太平洋戦争勃発時にはソ連が米国と手を組み、米陸軍の輸送船団がウラジオストックに上陸して満州に攻め込むと書いたことを紹介し、それを「馬鹿馬鹿しい」と切り捨てながらも、ソ連の脅威をも説いている。

そして米潜水艦の戦力についても紹介しているが、表題が「あなどれぬ米国潜水艦」となっており、当時の米国最大の潜水艦「ノーチラス」をはじめとした大型潜水艦に対する警戒を呼びかけているが、やはり通商破壊戦については軽視していたようである。

「恐らく米国の潜水巡洋艦は、わが近海へやって来ても、軽々しく姿を見せず、三千噸や五千噸のけちな汽船は見逃して、戦艦と大巡洋艦をめがけるだろう」（65ページ）

結果論でいえば、この認識が誤りであったことは間違いない。しかし第一次大戦で大被害を受けた英国ですら、この時期は潜水艦による通商破壊への備えを怠り、第二次大戦初期には再び深刻な打撃を被ったことを考えれば、潜水艦による通商破壊に直面した経験のない当時の日本人が、その脅威を認識できなくても仕方のないことであろう。

大艦隊の遠征

米国主力艦隊の遠征についての説明だが、まずこの遠征が「世界歴史が、はじまって以来の、大遠征」だとして、その規模の壮大さ、準備の周到さについて述べている。

そして、その進攻方面については、以下の三つを挙げている。


「一つは、フィリピンへ行って、マニラ要塞を奪いかえし、そこから日本を攻める方法だ。

二つは、まず日本領の南洋諸島を占領し、そこを根拠地として、日本を攻撃し、又、フィリピンを取りかえすやり方だ。

三つ目のやり方は、わき眼もふらずに東京湾に攻めかかり、日本艦隊が出てきたら、一気に決戦をやる。もし日本海軍が出て来なかったら、小笠原諸島や南洋諸島を占領して、じりじりと遠巻きに攻めるのだ」(68~69ページ)

このうち第一の手段は米国でハリー・E・ヤーネル少将(当時)が主張していたが、リスクの高さから平田は否定し、そして第二か第三の方法を採ると結論している。

そこで次に、遠征の先頭に立つであろう偵察艦隊の主力である重巡洋艦(本文中では「大巡洋艦」)の説明に移る。ここでは日米の重巡について比較しているが、性能的には大差は無いとしつつ、「武者のように無骨」な日本の巡洋艦は「ヨットのように優美」な米国の重巡に対し一対一なら必ず勝つと主張しているのだ。

そこで日米の重巡洋艦が同数の昭和九年に海戦があれば、日本が間違いなく勝利すると述べているが、ロンドン条約の規定により昭和十二年になると、日本の重巡の数は変わらないにも関わらず、米国の重巡は十八隻になるため、苦戦は免れないとしながらも、以下のように平田は日本の優勢を唱えている。

「行動のすばやいことにかけては、わが海軍はどこにも負けない。この敏捷な軍人が、世界一流の測距儀（距離をはかる機械）や望遠鏡をつかって射撃するのだ。その命中振が、どんなに凄いかは、想像出来るではないか」

「しかし、いくら眼鏡（光学兵器）がよくっても、これを見る人間の肉眼が悪かったら、何にもならないが、わが海軍軍人の眼は断然いいのである。

東京帝国大学の石原医学博士の研究によると、一重瞼で黒目勝ちの日本人の眼は、白人の眼にくらべると、とても強いのだ。それに視野もずっと広い、横目がうんと利くのである」

「白人の弱い眼は、太陽が出ていてはまぶしくて困るし、どんより曇っていては遠くが見えない。どちらにしても、お気の毒だが、わが海軍の眼は、かれ等より、だいぶ上等なのである」（78～80ページ）

この通り日本軍人が俊敏であり、また日本人の眼が白人より優秀であることを根拠として、勝算を語っているのだ。

だが同時期の米国は全く逆に、「一重瞼で黒目勝ちの日本人の眼」は白人より劣っていると見なしており、それが「日本人は航空機乗りに向かない」という米国の俗説へと繋がり、真珠湾奇襲を許す一因ともなったのである。

無論、現在の常識で考えれば白人と日本人の眼の差など、勝敗を分けるようなものでなかったのは明らかであるが、当時はそういった主張が日米ともに大まじめに論じられていたことがうかがえる。

ただ、さすがに眼だけで勝利を得られるとまで考えていたわけではなく、重巡十八隻の射撃は一分間に千発近い砲弾を発射することを紹介した上で「数の力は大きい」としており、あくまでも「決して悲観していない」というところで止まっている。

また軽巡洋艦については、駆逐艦からの攻撃に対し、戦艦群の護衛を務めると二ページにも満たない量で簡単に記述しているだけで、十二ページも割かれている重巡とは扱いに格段の違いがあり、関心が重巡洋艦に集中していた感がある。

太平洋戦闘艦隊

ここではまず、対日戦時に米国の司令長官がどうなるかについて言及している。平田は米国の将軍を能力的に劣っていると見てはいないものの、「考えの深い、おとなしい人」ばかりだとして、「米国は冒険的な将軍が少ないのではないか」と述べている。

史実の太平洋戦争で「冒険的」といえば米第三艦隊司令長官として名高いハルゼーがいる

が、平時ではそのような人物が表に出てくることが少ないのは確かである。また「冒険的な将軍」も必要ではあるが、その何倍もの「堅実な将軍」がいなければ、戦争を計画通り遂行することはできない。

恐らく平田は、自ら手がけている冒険小説などの延長線上でとらえているものと思われる。そして米海軍の主力である戦艦群についての紹介に入るが、ここでは戦艦群の最大の脅威である主砲についての紹介にページを大きく割いている。

「連合艦隊総旗艦『ペンシルバニア』、戦闘艦隊『カリフォルニア』以下十五隻の戦艦は、みな三万噸級の大艦である。

形ばかりのこけ威しではない。大砲の数だけで四十糎砲二四門、三六糎砲一二四門、三十糎砲十二門、あわせて百六十門あるのだ。

一度でも艦砲発射を見た者は、海軍砲がどんなに恐ろしいものか知っているだろう。四十糎砲が火を吹いたら、三万三千噸の大戦艦が、びりびりと震うのだ。気の小さい者ならちぢみ上ってしまうだろう」

「この百六十門の大砲こそ、米国海軍の生命である。これがなければ、米国海軍なんて一寸も怖いところはないのだ。大巡洋艦も強いかも知れぬ。潜水艦も侮れない。しかし、それらはつまり前衛だ。先陣だ。米国海軍の本尊は、実にこの百六十門の大砲である。じっと耳をすましていると、どこかでごうごうと海鳴のように、とどろくかれ等の砲

声が、聞えるようではないか」（90～92ページ）

この文は戦艦の主砲こそが海軍の主力であり、また国家の命運すら左右すると信じられていた大艦巨砲主義の時代を象徴する記述であるといえよう。

「『米国海軍の砲術なんて多寡が知れたものだ。』と、嗤う人がある。英国海軍あたりにも、『米国の大砲は二百発射って五発命中ぐらいのものだろう。』と悪口をいった士官がある。

しかし、これだけは、やって見なければ腕前はわからぬ。砲術で鳴らしたドイツ海軍だって、実戦では百発に三発しか命中しなかったのだ。

砲術だけは、どんなに腕がよくても、敵の腕がそれ以上よかったら、おしまいだ。命中が十秒おくれたら、もう最後である。だから、これだけは軽々しく片づけられないのである」（93ページ）

このように日米海軍の砲術については分からないとしているが、それでも続く文では日本海軍の砲術長を「世界一の名人ぞろいと信じている」として望みをかけている。

しかし、やはり全体の砲力では、数の少ない日本戦艦が劣っていることは認めざるを得なかったようだ。

引き続き戦艦の装甲についての説明に移るが、日本戦艦の装甲厚が米戦艦より薄いことに言及し、米海軍が日本海軍より優位に立っているとの主張については、以下のような批判を行なっている。

「『ジェットランドの海戦で、ドイツの戦艦は装甲が厚かったから、なかなか沈まなかった。英国の戦艦は大砲ばかり沢山つんで、防御力が弱かったために、あんな態を見せたのだ。太平洋海戦でも、きっとあの通りになって、日本海軍は弱点を暴かれるだろう。』

これがかれ等の言い草だ。しかし、僕等の考は違う。

ジェットランド海戦でも、決してドイツの戦艦が、英軍より損害が少ないとはいえなかったのだ。かれ等は英国の三四糎砲弾には、ずいぶん、ひどくやられている。沈没した軍艦が少なかったのは、英国戦艦の射撃がすこし悪かったからだ」

「防御力、防御力というが、ジェットランド海戦で、なるほど防御の弱い九吋装甲の『メリー・皇后』も沈んだが、ドイツの巡洋戦艦『ザイドリッツ』だって十七吋というもの凄い装甲をしていたのに、それでも撃沈されているのだ。しかも一番丈夫な頑丈なところへ、大きな穴をあけられたのだ。

これではあまり装甲も、あてにならぬではないか」（103〜106ページ）

実際にジュットランド海戦でザイドリッツは大破したものの沈むことはなく、撃沈されたドイツ巡戦はリュッツオーであり、またその装甲も舷側最厚部にて三百ミリ（十二インチ弱）である。

平田の誤解もあるだろうが、ここでは少々「防御力」の意義を低く見せるために大げさな表現をしているのではないだろうか。

「だいたい、防御力をあまり重く見すぎると、戦闘精神が萎縮してしまう。『肉を斬られてもいい、相手の骨を斬ってやれ。』というのが、祖先からうけついだわが軍隊の戦法ではないか」（106ページ）

こういった認識が、日本の軍艦や航空機の防御力軽視に繋がったことは広く知られているが、皮肉にも大戦中の日本海軍は、平田の主張とは正反対に長射程にこだわり、遠距離から効果の薄い「アウトレンジ」に終始することが多かった。

これは自軍の損害を抑えるためでもあったが、同時に日本艦艇の防御力の弱さから近接戦闘を恐れたとも考えられる。

威勢の良い「攻撃重視」は、確かに受けがいい場合が多いが、現実には「攻撃と防御のバランス」が重要だというごく当たり前の常識を忘れた結果、肝心の「戦闘精神」まで失ってしまったとすれば、何とも皮肉な話である。

米軍の陣立と作戦

まず米海軍の後方支援体制について言及しており、ハワイの真珠湾に七十万トンの油を用意し、それ以外の軍需品を補うために百二十隻の大運送隊を用意し、サンフランシスコからハワイに大量の物資を補給する準備が整っていると述べている。

史実の真珠湾攻撃で日本の攻撃隊が重油タンクを攻撃しなかったことは批判されることが多いが、このような認識が一般的だったとすれば、「重油タンクを破壊してもすぐに補充されるからあまり効果はない」と判断され、優先順位が低かったのだろう。

さらに、米海軍の輪形陣についての説明が行なわれているが、輪形陣の堅固さについて強調しつつ、そのような堅固な陣形を採用させたこと、さらにロンドン条約で米国が潜水艦の廃止を訴えたことを根拠に、米海軍が日本潜水艦を恐れているとしている。

「見よ。輪形陣をつくった米軍はわが潜水艦を恐れて、夜になっても、眠ることが出来ないではないか。『今夜こそ海の魔物がやってくるか。』『今宵こそ東洋人の襲撃をうけるのか。』

とかれ等は警戒また警戒で、夕(ゆうべ)の星の光にもおびえ、暁の雲の影にもびくびくするだろう。

そして、みんな疲と心配とで、いらいらして、神経衰弱にかかってしまうかも知れな

い」（117ページ）

この記述は確かに大げさではあるが、かつての冷戦時代におけるソ連潜水艦が実態以上に高く評価されていたことを考えると、全くの的はずれというわけでもあるまい。史実の太平洋戦争において、日本潜水艦は期待通りの活躍はできなかったことが広く知られているが、平時の抑止力や海軍力の誇示という面では、それなりの働きがあったと見て良いのではなかろうか。

そして遠征する米艦隊には、大きな弱点ができると指摘している。

「まづ、遠征隊は、わが奇襲艦隊の攻撃に苦しまねばなるまい。紙に書いた輪形陣だけを見ていると、いかにも強そうだが、その輪の駆逐艦は、途中で何回も燃料がなくなるのだ。燃料が少なくなったときは、すなわち輪形陣が乱れて、その警戒力が弱くなった時である。

その時に襲撃されたらどうするのだろうか」

「日本の奇襲部隊が、ぼんやりとこの隙を見逃すだろうか。それに北太平洋は波が荒いぞ。ことに、わが近海に入ってからの、最後の給油は、非常に危険である。

この給油や給糧のために、かれ等は、重油船二十五隻、食糧船五隻、兵器船二隻、工作艦五隻、病院船四隻約四十隻以上の補給部隊をつれて来るのだ。この部隊は輪形陣の後ろに陣取るわけだが、これがまた、危険に晒され通しだ。そして、この補給部隊がやられたら、本隊は燃料の油をどうするのだろう。かれ等は小笠原の島影を見ないうちに、もう作戦がこわれてしまうのである」

「又、決戦になって後のことを考えて見ても、米国の戦艦は、一度大損害をうけたら、それがこの世のお別れである。傷ついた戦艦は、もう根拠地のハワイへ帰って行くだけの力がない。巡洋艦だってその通りだ。

根拠地を遠く離れた軍艦は、たとえ戦場で沈められなくても、傷をうけたら最後、そこでもう廃艦になってしまうのである。たすかる艦でも、逃げて帰る途中で、むざむざと沈んでいくのだ」

「さらに、日本海軍は、防御軍の権利として、どんなに古い軍艦でも出動さすことが出来るのだ。そんな艦は第一線に立って戦うことは出来ぬにしても、傷ついて前線を下がってくる僚艦を護衛したり、落後した敵を追撃したりすることは十分出来るのだ」（120～124ページ）

これらの指摘自体は妥当なものであり、本書のような勇ましい論調の書籍であっても決して精神力や神懸かり一辺倒ではなく、それなりに合理的な根拠を示して日本の勝利を唱えていることが分かるだろう。

こういった主張の誤算は、米国もそれらの問題点を熟知した上で、それを克服できるだけの後方支援体制を整えられる国力があったということである。

しかし、そのようなことが可能であった国は、後にも先にも米国だけであり、またその米国にとっても対日戦のようにほぼ一国の戦力で、本土から遥か離れた地域に大規模な遠征を行なうのは初めてのことであった。

その唯一の、いってみれば例外的存在であったが故に、それを当時の人間が予想できなかったのは致し方ないことなのかもしれないが、戦前の日本にとっては大いなる不幸であったといえよう。

引き続いて、米海軍が南洋諸島や小笠原諸島の攻略に取りかかった場合についての解説に移る。ここでは、やはり米海軍がハワイ以西に有力な根拠地を持たないことを主な根拠として、待ち伏せる日本海軍が有利であり、侵攻は失敗するとしている。

史実の太平洋戦争において米軍は、オーストラリアやニュージーランド、仏領ニューカレドニアなどを兵站基地として南洋諸島を攻略したが、確かに米国単独での侵攻は不可能とまではいえないまでも、史実を大幅に上回る犠牲と時間を必要としたのは間違いなく、決して誤りとまでは言い切れない。

しかし、これらの攻略戦について以下に示されている認識は興味深い。

「……僕は米国が日本の重点を攻めないで、そんな辺鄙なところを、攻めるとは考えら

れないのである。あんな離れ小島を
かりに、マーシャル諸島の一部を占領したとして、どうなるのだ。恐らく一人だって
根拠地にして、日本を攻撃してやろうと考えるほど、馬鹿な参謀は、
ないだろう」(127ページ)

何度も繰り返すように、結果論から批判しても意味はないが、こういった主張を裏返して
みれば、大部隊を運用できるような設備のなかった南洋諸島の島々を、短期間で巨大な兵站
基地へと変えた米国の兵站力の恐ろしさ、そしてそれが日本の予想を遥かに超えるものであ
ったことが分かるだろう。

「太平洋海戦の原則は、繰り返していうが、遠征軍に分が悪い。そして、かれ等の疲が
ひどくなるほど、いよいよ不利になって行くのだ。
だから、戦艦の少ない日本海軍が、かれ等の『さあ来い』という挑戦の声を聞いて、
「よし来た」と立ち上がる時は、米国海軍が一番つかれて、一番燃料が少なくなって、
そして一番混雑している時でなければならぬ。
かれ等が小笠原を攻めようとして、あの近海でぐづぐづしていてくれるのは、わが海
軍の大いに歓迎するところだ」(131~132ページ)

この文の前後では小笠原攻略に手間取る米艦隊を潜水艦、巡洋艦、航空機によって奇襲し大損害を与えるであろうことが強調されている。

だが実に皮肉なことに、これに近い状況が、史実の太平洋戦争におけるミッドウェー海戦で日本海軍に生起し、それが惨敗の一因となった。

確かに太平洋戦争中の米海軍でも、第一次ソロモン海戦など上陸作戦支援による疲労時をつかれて大損害を被った例もあるが、それでも作戦そのものが頓挫し、戦局を変える程の打撃を受けることは一度もなかったのだ。

これは長年にわたって渡洋侵攻を想定してきた米海軍と、あくまでも迎撃を主任務としてきた日本海軍との違いであるといえよう。

続いて章の題から少々脱線しているが、日本駆逐艦の奇襲について論じている。主力艦同士の決戦において、米海軍が砲力に勝ることは平田も認めており、潜水艦とともに水雷戦隊の雷撃に大きな期待を寄せている。

「ジェットランド海戦で、英国の司令長官は、『水雷戦隊は進んで敵を雷撃するよりも、退いてわが戦艦を守れ』と命令した。こんな臆病な提督は、恐らくわが海軍には、探しまわったって、影も見えないだろう。

第一も攻撃。第二も攻撃。第三も攻撃。一から十まで、攻撃、攻撃と、息もつかせぬところに、日本水雷戦隊の、凄いところがあるのだ。僕は、米国戦艦の約三分の一が、

わが潜水艦と駆逐隊に攻められて、戦線から落伍するのではないかと考えている」(134ページ)

戦前の日本海軍が水雷戦隊に期待したのも、ほぼここで示されている活躍と同じようなものであった。

しかし、太平洋戦争では駆逐艦が敵主力艦を雷撃できるような機会は極めて希であり、むしろ物資輸送や対潜哨戒といった、戦前にはあまり重視されていなかった任務に酷使され、戦力を磨り潰していく羽目となった。

これは戦前の日本海軍が、駆逐艦の任務を「艦隊決戦における敵主力に対する雷撃」に絞り過ぎ、その結果として対空・対潜能力に立ち後れた結果であるといえよう。

前記の「攻撃重視」と同様に、ここでも日本海軍は華々しい雷撃に囚われすぎてバランスを欠き、結果的に「艦隊の前衛」としての汎用性を軽んじてしまったのだ。

太平洋の空中戦

この章では、決戦前にその魁として行なわれるであろう、空中戦についての紹介である。

「攻撃機は爆弾を抱いて、敵艦隊の上空へ急行する。雷撃機は重い魚雷をぶら下げて、雲の垂れ下がった海上を、低く低く目標にしのびよる。

これを狙って、両軍の戦闘機が翼を打ち鳴らす勢で、襲いかかるのだ。こうして、赤い夕日の沈んで行く空に、ものすごい空中戦がはじまるのである。この戦闘に勝った方が、空中権を奪うのだ。大空を自分のものにしてしまうのだ。そして、空中権を奪った方が、きっと海上の決戦にも勝つのである。

空中権とは何だ。空を支配する権力だ。昔から兵術の原則として、『海上権のない者に、最後の勝利はない。』とされている。海を支配する者が、最後の勝利者だというのだ。ところが今では、空中権のない者には、絶対に海上の勝利がないのである。空中戦に負けた艦隊は、眼を潰され、片腕を折られた片輪の艦隊だ。全滅をまつよりほかに仕方がない」（139～140ページ）

ここでの「空中権」とは現在一般に「制空権」と呼ばれているものだが、太平洋戦争開戦の八年前から、すでに「大空を制する者は戦いを制す」という認識が一般的に語られていたことは興味深い。

この文以降、米空母や艦載機の解説から、日米航空戦の予想に入る。航空戦についての語り口はかなり熱の入ったモノで、戦記小説と見紛うばかりの表現がふんだんに使われており、華々しい空中戦が平田の好みに合ったのだろう。

なお、当時竣工直前であった米空母レンジャー（竣工は昭和九年）については、飛行甲板が装甲され「少々の爆弾ではへっこまない」などと述べられている。

実際にはレンジャーは米正規空母の中では最も防御が薄弱で、また無理のある設計からトップヘビーとなり、第二次大戦ではより旧式なサラトガ級が第一線で活躍したのに比べ二線級としての扱いをされていた。

もちろん、平田にそのようなことが分かるはずもなく、文中では最新鋭艦らしく「怪物だ」と述べられている。

また航空攻撃の威力についてもかなり高く評価しており、この時期からすでに航空攻撃が主力艦にとっても大きな脅威となっていたことが分かる。

「爆発力の強い高爆薬の入った魚雷が、舷(ふなばた)近くの水中へ投下されると、その威力は実に凄まじい。爆発の反動で、さしもの装甲のあつい大戦艦も『びりびりっ。』と振動するのだ。そして、機械が傷み、釘(リベット)がゆるみ、底に穴があいて、非常な危険状態に陥るのである。

こんなのが、四つも五つも命中すると、『コロラド』級の大艦も、痛さに耐えかねて、よろよろと戦列から落伍せねばならぬ。だからかれ等も死に物狂いで防戦するのだ」

（147ページ）

このように航空攻撃が戦艦にも致命傷を与え得る存在であることが述べられている。

だが同時に米国で広まっていた空軍主兵論に対しては、「戦艦を横綱、空軍を大関と思っている」と、あくまでも戦艦が主力であり、空軍はその補佐であることも強調されている。重要な兵力と認識しつつも、あくまでも脇役という位置付けが当時の航空戦力に対する一般的な評価だったのだ。

また軍縮条約で日本の空母が対米六割の比率になっていることから、空母艦載機では米艦隊に対し劣勢なのは明らかであった。だがそれについても平田は、これまで繰り返し述べてきたように、地の利を生かせる日本海軍は陸上の根拠地を使えるのに対して、米海軍は空母に限られていることから日本が有利だとしているのだ。

しかし、当時の米航空戦力の飛躍的な発展は、地理的な優位だけでは安心できなかったらしく、以下のように警戒を呼びかけてもいる。

「しかし決して油断は出来ない。わが兵力がかれ等よりも、うんと少なかったら、この地理的な強みも、かえって害になるくらいである。敵が空中権を奪ったら、これ等の島々は、かえって敵のための根拠地になるかも知れないではないか。

ブラット大将は海軍大学校で、『わが遠征空軍は、決して日本の海軍航空隊だけを目標にしてはならぬ。日本の全空軍と戦って勝つことを考えねばならぬのだ。』と、大きなことを言っている。だがこれは、決して空いばりと見ることは出来ぬのだ」

「諸君。米国海軍は太平洋作戦の研究を十何年もつづけて来たのだ。今さら空中戦が難かしいからといって、研究を止めることは、ないのである」（155ページ）

そして当時の米空軍の急速な戦力向上について説明し、それに対抗するために日本の空軍力の強化を提唱している。

「日本海軍は、かれ等の陣立が出来上るまでに少なくとも、航空母艦五隻、航空巡洋艦数隻、沿岸根拠地の航空隊三十二隊を備えて、永久にかれ等に隙を見せてはならぬ」（156ページ）

「僕はわが工場が空の『陸奥』『長門』をこしらえて、かれ等の『カーチス』『マルチン』『ボーイング』に『とても日本には敵わない』と、兜をぬがしてもらいたいのである。腕の強さと、機械の強さと、地理上の自然の強さとがあれば、天下無敵である。日本は米国海軍の無謀な無茶を、遠征をやめさせるために、どうしても強い強い空軍を、持っていなければならぬのだ」（157ページ）

こうしてみるとやはり戦前の日本では、米国に対する抑止効果としての軍の存在が重視されていたことが分かる。だが同時に米国の軍事力の拡張もまた、日本に対する抑止効果を期待したものであった。

米国の海洋戦略の大家として著名なアルフレッド・T・マハンは、「日本と米国の戦争は望まない」としながらも、「日本に対抗して海軍力を整備しなければ、日本政府は移民問題を巡る国民世論を抑えられなくなる」として、海軍力の増強を訴えている。

結局のところ、少なくともこの時点では日米ともに警戒はしつつも、莫大な経費と、さらには国家の命運をかけてまで戦争をする意志は希薄であったといえよう。

総決算をしよう

表題の通り、米国の対日侵攻についての著者なりの結論部分である。

まず米国では日本が侵略主義の悪者であり、カリフォルニアへの遠征まで考えられているとして、米国の対日世論について批判している。

単純に比較することはできないが、現在でも米国に限らず世界中で敵対する相手について同じような評価をしているのは事実である。

そして同時に平田自身もまた米国を「悪者」視していることに気付いていないのは皮肉な話だといえよう。

そして本書では日本の勝利を信じているとしつつ、決戦に負けた場合について論じている。

「今後米国海軍だけがどんどん大きくなって、わが海軍がこれに追いつくだけの兵力を、つくることが出来なかったら、それも一概に『いらぬ心配』ではない。だからそんな人のために、厭ではあるが、ほんの一寸、書きたくないことを書いて見よう。

もしも、わが連合艦隊が決戦に勝てなかった時には、南洋諸島はかれ等に占領されるかも知れない。小笠原も取られるかも知れない。

そして、ついにはグアムやフィリピンも奪い返されるだろう。そうなったら、日本は遠巻きに封鎖された形になる。そして敵はだんだん北は千島、南は台湾と、侵略の手をのばして来るのである」（160〜162ページ）

「だが、日本は決して降参しない。全民族がみな斃れても、美しい山河が敵火にみな灰となっても、われ等は屈せずに戦うのだ」

「これは、もう国家として、また民族として、背水の陣だ。退くに退かれぬ最後の陣地である。

ここまで来れば、もうどんづまりである。それより悪くなりようがない。われ等は、米国陸軍が勝ちに乗じて、遠征にでもやって来れば、残った海軍で、死に物狂いで逆襲して、もしも、それでも、かれ等が上陸するようなことがあったら、関東平野で決戦をやり、遠征軍を全滅さしてしまうだけである」（162〜163ページ）

史実の太平洋戦争を踏まえた後世の視点からすれば、一見最悪の事態を想定しているようでありながら、現実にそのような状況になったときの深刻さを理解していない発言という見方もできるだろう。

だが現在でも国際紛争では当事国の指導者やマスコミが、「我が国は血の最後の一滴まで戦う」といった徹底抗戦を――多くの場合は本心からというより単なる建前であり、政治的駆け引きの内だが――国民や世界に対し呼びかけることはごく一般的なことでもあり、それを考えると特別なものともいえない。

また、戦後の「外国に侵略されたら降伏すればよい」といった、いわゆる「空想的平和主義」も同様だといえるだろう。

安全保障に限った話ではないが、現実を踏まえないで傍目には気楽に、それでいて本人は深刻な事態を考えているつもりになっているということは、どこにでもあり得るのである。

そして決戦が引き分けになった場合については、米国はもう大規模な遠征ができなくなり、戦争は持久戦になるとしている。

「『持久戦になったら、日本は敗けるだろう。』と考える者があるかも知れないが、決してそんなことはない。苦しいことは苦しいけれど、三年や四年の戦争に耐えられぬような、日本ではないのだ。苦しいのはかえって米国である」(166ページ)

太平洋戦争はここでの主張とは正反対に、三年八ヵ月で日本は戦争に耐えられなくなり、降伏を余儀なくされた。

もちろん、結果論で非難しても無意味だが、ここで示されているような認識が広まっていたからこそ、太平洋戦争において日本では、対米戦が長期化しても国民の多くが「何とかなる」と受け止めていたのであろう。

だがそれとは逆に、「持久戦になれば日本は危ない」という意見も当時、根強く存在していたことにより、このように述べてその不安を払拭しようとしたと考えられる。

「最後にわが海軍が決戦に勝てばどうなるのか。僕ははっきり言おう。『それで太平洋海戦は終わりである。』と。

決戦に負けたら、米国は二度とふたたび遠征することは出来ない。ことに航空母艦が全滅したら、奇襲作戦さえ、出来なくなるだろう」

「新しい航空母艦をつくるのには、三年はかかるのだ。

その間に日本は、百八十度から西の太平洋を、しっかり固めてしまって、それこそ金城鉄壁の守りになるだろう。

決戦に負けたのに、まだ戦うなんてする男が米国にあれば、それは馬鹿か気狂だ。米国は、海軍を新しくこしらえなおすだけでも、十年はかかるのである」（166～167ページ）

そして日本が米国遠征など考えてもいないことから、米海軍を撃破して米国が日本侵攻を諦めれば、太平洋戦争は終わると説いている。

こういった主張を史実に当てはめてみれば、太平洋戦争緒戦の勝利により日本人の大多数が「日本は勝つ」と感じたのも納得できる。

この文だけを取り出してみれば決して非合理的な主張とはいえず、恐らく普通に本書を読んだ当時の読者の大多数は、同じ意見を持ったであろう。

また「艦隊決戦で戦争の勝敗を決める」という考えそのものは、当時の日米双方に共通して存在していたのも事実であり、単純に後世の眼で誤りと断定するのも、また軽率な行為だといえよう。

日米双方が結果論として同じ誤謬を犯し、それが皮肉にも緒戦に勝利した日本にとっては遥かに重大な誤謬へと繋がってしまったのだ。

なお、この章の最後の部分は、米海軍軍人についての評価である。

ここでは米海軍には脱走兵が多いこと、贅沢な暮らしをしていること、水兵が士官の命令をあまり聞かないことなどを述べているが、同時に米海軍が過去の戦闘で勇猛に戦ったことも紹介している。

英国海軍は東洋へ遠征するか

この章では当時、米国と並ぶ海軍大国であった英国の海軍が、太平洋海戦においてどのような行動をするかについて述べている。

特に本書執筆時に整備中であり、昭和十二年に完成予定であったシンガポール軍港については多くの文を割いて、その脅威が強調されている。

「米国のニコラス・ルーズベルトは、『この軍港は、印度を守り、豪州を守り、そのほか英国領土の四分の三を守る。いやそれだけではない。オランダ領南洋諸島もこれで守れる。わがフィリピンにとっても、いい後盾だ。』と、いっている。これでは、まるで英国の根拠地やら、米国の軍港やらわからないではないか」（177ページ）

「だが、とにかくこの軍港は、日本にとって不愉快なものだ。英国海軍大将のスレードなんかは、『東洋の大海軍に対しては香港だけでは危ない。どうしてもシンガポールを、作戦の中心にしなければならぬ。』と、失敬なことを言っている。僕は英国海軍のために、こんな、日本に喧嘩を売るような軍港のあることを、悲しみたいと思う」（178ページ）

こうしてみると、平田が真珠湾とまではいかないまでも、それに準ずる程度にシンガポールを脅威視していることがうかがえる。

史実の太平洋戦争では短期間で陥落したためか、現在ではあまり大きく採り上げられていないが、戦前は大きな関心を持たれていたのだろう。

しかし、同時にシンガポール軍港は日本から近く、もし戦争になれば短期間に日本軍に占領される可能性が高いこと、また本国、大西洋そして地中海をがら空きにして艦隊の主力をシンガポールに遠征させることはできないとして、現実には英国が日本と戦争はしないと述べている。

「繰り返して言うが、英国は日本と戦ったら損である。かりに、香港を取られ、ボルネオを取られ、南洋に散らばる島々を取られ、シンガポール、豪州、印度などを、脅かされたらどうするのだ。

ひょっとすると、『大英帝国』と自慢し、『わが領土に太陽の没する時はない。』と威張っている大国家が、がらがらと壊れはじめるかも知れないのである。

又、たとえ、かりに日本を苛めつけたとしても、かれ等はただ疲れて、何十億、何百億の金を失い、ひょろひょろになるだけであろう」（188～198ページ）

史実の第二次大戦において枢軸側は、ここで示されているものとほぼ同様の認識を元に「英国は和平に応じる」との期待を抱いていたが、結局英国は枢軸側を打ち倒すまで戦争を辞めなかった。

そしてその後は枢軸側のほぼ予想通りとなり、国力を磨り潰した大英帝国は「がらがらと壊れ」、植民地のほとんどを失うことになった。つまり英国の国力についての見通しは正しかったが、継戦意欲については見誤っていたのだ。

している。この章の結論として著者は、英国が積極的に日本に戦争を仕掛けることはないにしても、日本が米国に敗れるようなことになれば、それにつけこんで英国が何をするか分からないとしている。

太平洋をめぐる味方と敵

太平洋において日米戦が勃発した場合、周辺国および植民地の宗主国がどのような態度に出るか述べている。

具体的にはオーストラリア、ニュージーランド、フランス、オランダ、タイ、メキシコ、チリ、ペルーなどが挙げられているが、無論どの国も日米海軍に比肩しうる戦力を太平洋に持っているわけではなく、ほとんどの国が中立を維持するとの認識を示している。

世界が枢軸側と連合国側に分かれて世界大戦となった史実と直接の比較は無意味だが、戦前においてはあくまでも「日米戦」であって、それ以外の国は基本的に局外の存在と認識されていたことが分かるだろう。

しかし、平田自身は本書において日本を「東洋の代表」、米国を「西洋の代表」と位置付け、日米の戦争を「東洋と西洋の戦い」と表現している。

もちろん単純に「東洋は味方、西洋は敵」と主張しているわけではないが、そのような図式を持ちながら、一方では米国以外の西洋諸国が中立を維持すると唱えているのは少々都合良く物事を見すぎているようにも思える。

兵術の秘伝

この章は表題と裏腹に、日本が東洋を守っていることを強調しているものであり、むしろ当時の日本人の「心構え」を説くものである。

「ああ、太平洋の波は荒れようとしている。

広袤一億六千万キロの大海原には、世界の二大艦隊が、太陽と星の軍艦旗をひるがえして、東と西に人を布いているのだ。

それは遠くはローマ海軍とカルタゴ海軍の対陣、近くは英国大艦隊とドイツ大海艦隊の対陣よりも、もっと大きく、もっともの凄い睨み合いだ。

海も大きいし、艦隊も強い、武器も精鋭だ。

もしもこの二大艦隊が火ぶたを切ったら、戦場は白熊の棲む氷の海から、鰐の鳴く熱帯の海にまでひろがるのだ。

四十門の四十糎砲が咆え立てるのだ。

数千機の空軍が蒼空も裂けよと闘うのだ。

しかも、兵隊の顔を見よ。かれは白色。われは黄色。太平洋海戦は、また人種の戦いでもあるのだ。

日本が負けたら、大アジア、全東洋が負けるのである。僕等は、どんなことがあって

も、負けられない」（208〜209ページ）

後世の人間からすれば、複雑な国際情勢を「人種対立」に収斂させている点は、かなり問題のあるものと受け取れる。

だが第二次大戦以降、最近でも「東西・南北対立」「文明の衝突」などと表現される対立構造の中で、当事者が似たような主張を唱えていることはよくある。

また当事者以外でも、複雑な利害対立の結果を簡単に説明できることから、現実とは乖離していながらそういった単純な図式に拘泥することもよくあることで、むしろごくありふれたものだといえるだろう。

いつどこであっても、人間の考えることに大した違いはないのである。

「日本の陸海軍があるために、東洋は侵略されないのだ。日本民族の偉大さを見るから、『ほかの東洋人も、いまに何かやるだろう』と、白人は東洋を、心の底から軽蔑出来ないで、怖れているのだ。

日本は何も偉がるために、アジアの盟主というのではない、また日本海軍は、何もおせっかいに東洋諸国の国防を引き受けているのではない。

自然にそうなってしまったのだ。事実上、日本海軍がなければ、東洋は滅びるのだから日本を守ることが、すなわち東洋を守ることになるのだ。

わが海軍は、祖国のために戦うので、支那や暹羅のために戦うのではない。しかし、日本が戦に勝てば、支那や暹羅も守られるのだ。
いや、戦わないでも、今も、黙っていても、かれ等を守っているのではないか。日本海軍が守っているからこそ、それを恐れて、東洋を狙う虎や狼も、牙をかくし、爪をかくしているのである」（210ページ）

ここでの論調は、「ひとりよがり」「思い上がり」という印象を受ける人間が多いだろう。例によって平田は単純に世界を西洋と東洋に分け、民族、宗教、文化、言語、そして利害が複雑に錯綜している点を見逃している。そしてその点においてアジアは、欧州よりも遥かに差違が大きいのである。

しかしながら、こういった「○○の盟主」を自称する国家、団体が傍目には横暴な振る舞いをするのは良くあることでもあり、やはり人間が陥りやすい陥穽であるとはいえる。

また、前記の複雑な情勢を無視して「アジア」とひとくくりにする見解は、最近でもよく見かけるが、その中には戦前の同レベルの主張には批判的な立場の人間も多いのは、何とも皮肉な話といえよう。

そして著者は最後に、明治維新以来の海軍の伝統と歴史を強調しつつ、「必ず勝つと信じる軍隊は、きっと勝つ」という「兵術の極意」を唱えて、太平洋戦争についての記述を締めくくっている。

わが極東作戦

本書の第二部に当たるここでは、日本陸軍による対ソ、対中国戦を取り上げている。

極東の王者

この章は、日本陸軍の満州における配置とその防衛戦についての解説である。

まず満州を押さえた日本陸軍が北は黒龍江、東は吉林省、西は大興安嶺を超えてコロンバイル平原、南は万里の長城に配置されていることを説明した上で、以下のようにその意義を述べている。

「黒龍江と大興安嶺と万里の長城は、わが前線の三つの砦である。そしてこの三つの地域は、実に極東作戦上、千金の値打のあるところなのだ。長城の山海関と古北口を占拠したことは、すなわち、『いつでも北支那を攻められるぞ。』ということだ。戦略的に見ると、日本陸軍は、すでに北平、天津を抑えてしまっているようなものである。

さらに牡丹江、黒龍江の線へわが軍が出て行ったことは、ロシヤ赤軍の作戦を、根こそぎに、ひっくりかえしてしまったのである。

ロシヤのアムール州師団は、いざとなれば、満州の真北から黒龍江をわたって、チチハル、ハルピンへ侵入する計画だった。しかし、今ではもうその道を塞がれてしまった」(215〜216ページ)

「そして、極東戦の天王山ともいわれる大興安嶺がわが手の内にあることは、実に何とも形容の言葉がないくらいの強味である」(216ページ)

「実に大興安嶺は極東作戦の一番の重点、わが軍がこれに拠ったら百万の敵軍も、物ともせずに防ぐことが出来るが、もしも敵軍に取られたら、満州はたちまち不安のどん底に陥るのだ」(218ページ)

そして日本の満州防衛線が地理的に強固であることを、以下のように表現している。

「諸君、こころみに世界地図を広げて見給え。こんなにまでに強い国防戦を布いている国が、どこを探したって、見つかるかどうか」(219ページ)

史実では大戦末期のソ連軍の侵攻により、太平洋戦線に精鋭を引き抜かれ弱体化していた満州の日本陸軍はひとたまりもなく蹂躙されたからか、満州の防衛について語られることは少ないが、戦前はこのように高く評価されていたことがうかがえるだろう。

とはいえ、日本の防衛線が非常に長いことは平田も気にしていたようで、日本陸軍の常備兵力十七個師団は少なすぎると述べている。

また、当時も「満州の防衛は日本の重荷になる」といわれていた点に対し、満州の防衛の必要性を強く説いている。

「『唇破れて歯寒し。』という言葉がある。今から三十年前。ロシヤのアレキセーエフ大将が、二十万の兵力をもって、極東の山野をふみにじり、スタルク提督が二十万噸の太平洋艦隊をひきつれて旅順に入っていたころ、日本は一日として安らかな夢を見ることは出来なかったのだ。

そして、×十字（セント・アンドリュー）の旗をひるがえした軍艦を、まるで悪魔のように思い、髭むじゃの露助の兵隊を鬼か何かのように思っていたのだ。

北の風は寒く、シベリヤの空に羽搏きする荒鷲の声が、だんだんこちらへ近づいて来るような気がして『クロポトキン大将が来たぞ。』『シベリヤ鉄道が全通したぞ。』『新しい戦艦が旅順に入ったぞ。』と聞くたびに、日本人は、みな『いよいよやって来るな。』と、血走った眼を、見合わせていたのである。

だからその大ロシヤと戦った日露戦争は、真に国家と民族の運命を賭けた、生きるか死ぬかの戦争だったのだ」（221～222ページ）

現在の日本で「戦争」といえば、一般には「太平洋戦争」がイメージされるが、それ以前ではやはり日露戦争の印象が強かったことが分かるだろう。

しかし、それ故にこそ当時の日本人は、満州に必要以上にのめり込んでしまい、結果として国策を誤らせたということがうかがえる。

「しかし、旅順は第二の砦だ。その向うの大興安嶺、黒龍江、万里の長城こそ、日本にとって、第一の砦である。この三つの線をわが手に入れなければ日本の国防線は、ほんとうに強くなったとは言えないのだ。

そして、今や天命によって、わが軍はこの三線に馬を進めている。今後、どのようなことがあっても、この命の砦を捨て去るようなことは、絶対に出来ないのである」（222ページ）

現在の視点でみれば、あまりに大げさ過ぎる表現であることは間違いあるまい。

だが、「自衛隊を一兵でも海外に出せば、日本は軍国主義化する」などといった、戦後の大げさな「軍国主義反対論」と同レベルだともいえる。

いずれにせよ当時の日本では満州の防衛が、二十一世紀の現代からは想像できないほど重視されていたのが理解できるだろう。

支那は日本と結べ

この章では中国（文中では「支那」）の「抗日反満」の姿勢を非難し、中国の選ぶべき道は日本と同盟することだと主張している。

最初は中国陸軍の弱さや将軍の無能さ、臆病さに言及し、以下のように説く。

「支那軍は負け癖のついた犬のようなものである。日本軍の姿を見れば、攻撃精神が縮んでしまうのだ。――この心理的な病気は、どんな名将があらわれたって、永久になおるものではない。民族と民族との、精神力の違いなのだから仕方がない。だから僕は、『支那よ、日本と戦ってはならぬ。日本に脱帽し給え。』と忠告するのだ」（236ページ）

さらに、中国の重要な拠点が日本からの攻撃に非常に弱いと説いて、以下のような結論を導き出している。

「支那大陸は、いつでも、日本から攻撃されるように、自然の地理が出来ているではないか」（237ページ）

「支那人は、まだ自国が戦略上、どんなに弱い国であるかを、よく知っていない。よく知らないから、執念深い戦争計画を捨てないのである。しかし、かれ等がどんなに口惜しがっても、軍事地理から見ると、支那はまるで無抵抗に近い、国防薄弱な国家ではないか。

『支那から日本を攻撃することはできないが、日本からは何時でも支那を攻めることが出来る』――これは動かすことの出来ぬ自然の法則であり、運命的な兵形だ」（246ページ）

こういった記述を見ると、戦前の日本が中国大陸の泥沼へと足を踏み入れていく羽目となった国民の側の心理がうかがえる。

つまり、「弱い中国軍には簡単に勝てるはずだ」と考え、また実際に戦闘では勝利を続け、占領地を次々に拡大していったことが、それを裏付けた形となったのだ。

このため莫大な戦費と国力を浪費し、少なからぬ犠牲を出しながら、いや、むしろそうであるからこそなおのこと、より大きな「勝利の果実」を求めてさらに大陸へとのめり込む悪循環に突入し、それが太平洋戦争へと繋がっていったのである。

支那の亡国戦

この章では、中国があくまでも日本と戦うのは亡国の道であり、日本の味方とならなければ滅びると唱えている。

まず、日本海軍は簡単に中国の海岸を封鎖できることを述べ、そうなれば中国陸軍も海外から兵器、弾薬を購入できなくなり、また前章で主張しているように戦争の第一段階で中国の工業地帯はことごとく日本に占拠されることから、日本陸軍とは全く戦えないという結論が導き出されている。

そして、それでも大陸の奥地へと引きこもって抵抗を続けた場合については、以下のような見方を示している。

「軍隊は次第次第に奥地へ追いやられて、匪賊になり、十八省の農民たちは、それこそ地獄のような苦しみを嘗めることになろう。

この場合、わが作戦としては、軍事上または経済上の重点を、しっかり陸軍力で抑え、これに逆襲して来る敗残兵があれば、ただちに撃退する。ちょうど、満州事変の初期の作戦のように、鉄道沿線を死守する戦法に出るのだ。こうなったら、支那軍の大部分は降伏し、反抗する部隊は山の中で自滅するよりほか仕方がない」（249ページ）

この文は特別に非合理的なことを主張しているわけではなく、むしろ日本を含め大多数の国が同様の事態を迎えれば、ほとんどの場合屈服を余儀なくされるだろう。

しかし、史実の日中戦争において日本はここに示されている通り、「軍事上または経済上の重点を、しっかり陸軍力で抑え」ることには成功したが、それは広大な大陸の点と線を抑えただけであり、中国を屈服させることには失敗した。

だが多くの日本人、そして日本政府は本書で示されているのとほぼ同じ認識から、中国はすぐに屈服すると判断し、そのためさらなる泥沼へと足を踏み入れることになってしまったのである。

さらに共産党軍の脅威を唱え、中国国民党は日本と同盟を組むことで国防上の不安がなくなり、共産党軍を討伐し、日本とともにソ連に備えることを主張している。

恐らく平田は、「日本と中国は同じアジア」ということで中国に親近感を抱きつつ、日本の優位を誇示することで有利な同盟を結ぶという考えを持っていたのだろう。

しかし、繰り返すが現実の国際政治は無数の要素の絡み合いにより、複雑な動きを見せるものであって、ただ単に「同じ地域」というだけで協力できるものではない。当時の日中両国のように軍事的な衝突を繰り返しているならなおさらである。

ここでの主張には「同じアジアなのだから」という同胞心理と、内戦を繰り返し列強に蚕食されている中国を見下す心理の両方が見受けられる。それが当時の日本において、少なからぬ人間の認識だったといってよかろう。

そして「同じアジア」という幻想が、「いつまで経っても日本と手を組もうとしない中国」に否定され、中国蔑視だけが残った結果が後の泥沼の日中戦争だったのではないだろうか。

ロシヤの野心と赤軍の兵力

この章では、平田が米国と並んで日本の脅威と認識しているソ連（文中では「ロシヤ」）

陸軍について言及している。

本書は、まずロシア人の太平洋進出と、日本の大陸進出はともに「止むに止まれぬ民族の奔流」「民族の本能」と位置付け、両者の激突は必至だと説く。

そして、ロシア革命と世界大戦により一時的に弱体化したロシア軍が、さらに強力な軍勢となって攻勢に転じようとしていることを強調し、ソ連はその軍事力を背景に、それまでの仇敵であったポーランドやフランスと手を組み、背後の憂いをなくした上で極東への進出をうかがっていると述べている。

現実問題として「民族の本能」の存在というのはあやしいものだが、たとえばかつて米国の領土拡大が「神に定められた明白な運命」として正当化されたように、それと同様の主張は決して珍しいものではない。

そしてソ連時代のアフガン侵攻も、その最終目的はインド洋進出にあったといわれるように、ソ連の南下・不凍港確保への望みが強いことはよく知られていることであり、戦後の冷戦時代と同様に、ソ連の脅威が強く意識されていたであろうことは想像にかたくない。

「僕はロシヤの非戦論や不侵略主義ほど、図々しいものはないと思う。かれ等の非戦論は、戦争の準備のための手段である。不侵略主義は、次の侵略をかくすための煙幕である」(265ページ)

「僕はロシヤの不侵略主義を、羊の皮をかぶった狼の甘い偽りのささやきだと思ってい

る」（266ページ）

ここで平田は「ソ連の侵略主義」を警戒し、ソ連がモンゴルや新疆へと進出している理由は満州国を包囲し、日本と決戦するための準備であると説く。

「ロシヤの外交戦略は、千変万化だから、時には、日本に向かって、『君同盟しようじゃないか。』と呼びかけないとも限らぬ。

しかし、騙されてはならぬ。かれ等の永遠の目的は、極東占領と東洋赤化だ。そして、日本は、極東、東亜の盟主として、永久に、又、絶対に、この野心を許すことは出来ぬのだ。

ロシヤがこの野心を捨てぬかぎり、われ等も亦、赤軍との一戦を、心ならずも、準備しなければならぬ」（268ページ）

ここでの危惧がかなりの程度正しかったことは、大戦末期のソ連の対日参戦という最悪の形により証明されることになる。

無論、「ロシヤの外交戦略」に止まらず、そもそも国際情勢自体が千変万化である以上、単純に敵視すればよいというものでもないが、本書執筆後の日本における対ソ外交は拙劣であったといわざるを得ない。

極東戦争の予想

この章は題と裏腹に、「予想」というよりは極東におけるソ連軍の編成についての解説が主な内容である。

まず、シベリアや沿海州に七個師団の兵力を有し、さらに戦時にはシベリア鉄道を使って短期間に大幅な増強が可能である点に言及している。

そしてソ連軍の陣立として沿海州、アムール州、バイカル州における駐屯部隊を紹介し、さらにモンゴル（文中では「外蒙古」）にもソ連軍が配備されており、ソ連軍が満州国を包囲する形となっていることを、非常に脅威視する内容となっている。

沿海州方面の戦

この章にて具体的な戦闘の予想に入る。まず日本に近く、またソ連が太平洋側に持つ事実上唯一の大型港であるウラジオストック（本書では「ウラジボストック」）の攻防戦から説明に入っていく。

ここでの記述の特色は陸上戦闘の記述は簡単なものに留め、主にソ連軍がスパスク（ウラジオストックの北）に配置しているレーニン飛行団の脅威を唱えていることである。

「とにかく敵は空軍を持っているのである。これを第一にたたかねば、危ない。

ことにスパスクのレーニン飛行団は、まっ先に爆撃せねばならぬだろう。

百五十機に近い大飛行団が暴れ出したら、わが陸軍も、だいぶ酷い損害を受けねばならぬ。第一線部隊だけではなく、朝鮮や吉林省にある兵営も爆撃される懼があるのだ」

（292ページ）

「ただ、わが陸軍飛行隊としては、たとえ全隊の翼がおれ、発動機が焼けてしまっても、目ざすレーニン飛行団を、全滅させねばならぬことだけは、断言出来る。

レーニン飛行場（ママ）は、沿海州赤軍の重大な要点だ。かれ等が最も憑にしているところだ。戦勝の秘訣は、敵の重点を攻撃して、死命を制するにある。

わが飛行隊の目的は、一にもレーニン飛行団、二にもレーニン飛行団。少し強い表現を許してもらえるならば、極東戦争の首途に、この飛行団を全滅出来ないかは、ちょうど太平洋海戦で、米国の偵察艦隊を、破るか、破らないかと、同じくらい重大である。

――赤軍の飛行将校たちは、イタリアのバルボ中将の戦法ではないが、科学的奇襲を考えているのだ。

だから、わが飛行隊がぐづぐづして、スパスク空襲が遅れると、Ａ・Ｎ・Ｔ爆撃機が、日本海の逆巻く荒波を飛びこえて、舞鶴要港や、新潟県方面の石油地帯を攻撃するかもしれないのである。

そして、あわよくば、日本アルプスの険を突破して、東京空襲をやろうとするかも、わからない。

ことに、大阪、神戸方面は、かれ等の夜襲をうける危険が一番多く、絶対に、警戒をゆるめることが出来ない」(294〜295ページ)

この文を見ると現在、北朝鮮の弾道ミサイルが脅威視されるのと同様に、当時は極東ソ連空軍が重大な脅威と認識されていたことがうかがえる。

恐らく本書執筆時には、空母以外に日本を空襲できる手段を持たなかった米国よりも、ソ連空軍による日本本土空襲の方がより深刻な問題であったのだろう。

そして陸戦ではソ連軍は沿海州で決戦を行なう気はなく、一部の部隊をウラジオストックに残して撤退し、バイカル州へ主力を集めると述べた上で、日本軍の後方を「バルチザン式戦法」で脅かすという分析が示されている。

「バルチザン式戦法とは、いうまでもなく便衣隊戦法だ。

この戦法をやるために、武装移民が、続々とウスリ鉄道の沿線に集っている。かれ等はいざとなれば、百姓の姿をしてわが軍の眼をごまかし、隙をうかがって鉄道を破壊したり、守備兵を殺したりするのである。こんな卑怯な戦法にかかって、苦労する兵隊は実に気の毒だ。

しかし、わが陸軍は、十五年前のシベリヤ出兵で、ロシヤ式バルチザン戦法は、よく知っているし、近くは満州で、何百回となく匪賊討伐をやっているのだ。

むざむざとかれ等に隙を狙われて、たまるものか」（298ページ）

現実には日中戦争において日本軍は中国側のゲリラ戦術に大いに悩まされることになる。それにも関わらず大陸に深入りする羽目になったのは、このように「抗日ゲリラなど大したことはない」と高をくくった見方が広まっていたのも理由の一つと考えられるだろう。

無論、大戦後のベトナムやアフガンにおいても米軍やソ連軍がゲリラに悩まされたことを考えれば、結局のところいかなる対策を立てても広大な中国大陸において、日本軍がゲリラを完全に覆滅することは不可能だったと考えざるを得ない。

そして沿海州、アムール州、カムチャッカ半島、北樺太などでの戦いは日本が勝利すると結論付けている。

とはいえ、この方面における日本軍の勝利は「赤軍の参謀本部が予想する通り」だとして、両軍の主力は満州の大興安嶺山脈付近で決戦をすると述べている。

興安嶺の西の決戦

この章は本書において何度も繰り返し出てくる、大興安嶺山脈付近における日ソ陸軍主力の激突についての分析である。

「僕の知人の一人は、

『我輩に三個師団の精鋭をくれて見よ。この山脈に立てこもって、五十万の赤軍を、相手にして見せるぞ。』

と気焔をあげた。彼は決して法螺を吹く人物ではない。戦略上、大興安嶺の峯つづきは、それほどの要害なのである」（306〜307ページ）

このように前置きして、大興安嶺山脈がコロンバイル平原を越えて侵攻してくるソ連軍にとって天然の要害になることを強調している。

そして満州を防衛するためには、大興安嶺を拠点として、逆にソ連軍の拠点を攻撃する必要があると述べている。

ここでは満州の西方の原野や砂漠地帯の自然環境の厳しさを説き、またソ連軍人がそのような厳しい環境にも慣れていることを認めながら、日本軍も決してひけをとらないとして、その戦いを以下のように述べている。

「こうして、興安、蒙古の野原に、軍旗が色を競い、両軍の主力がこの一点に集まって、ここに天を震わせ大地をゆるがす一大決戦がひらかれるのである。

――そして、この一戦こそ、明治維新以来、七十年の歴史の総決算だ。わが陸軍は、死をもって、東洋の土と、光栄ある歴史とを守らねばならぬ」（316ページ）

この記述を見ると対米戦と同様に、対ソ戦においてもひとつの決戦で勝敗が決するとの認識が持たれていたことが伺える。

第二次大戦を見れば、その認識が間違っているのは明らかだが、「一つの決戦で戦争の勝敗を決める」というのは、国家総力戦の時代が訪れるまで、世界の主流であったことも確かである。

これは簡単にいえば、「緒戦で相手に大打撃を与えた側が、戦争に勝つ」ということになる。単純に誤りとは言い切れないが、国家総力戦においてはこの認識を一概に当てはめることはできなかった。

そしてこのような認識が、太平洋戦争における緒戦の勝利により「日本は戦争に勝った」「米国は日本と講和する」という甘い見通しが蔓延することに繋がったといえよう。

赤軍の戦闘力

ソ連軍の戦闘力についての紹介がここでは行なわれている。

まず歩兵部隊についての解説だが、ソ連軍が表向き機械力重視の「鉄血第一主義」を掲げていながら、日本軍同様に歩兵部隊の肉弾戦も重視していることを説明しているが、その中で以下のくだりは興味深い。

「『歩兵は空軍、化学隊、戦車隊などの精鋭にぶつかっても、断じて負けぬと信じていなければならぬ。』

これには全く同感だ。砲兵の援護射撃にたすけてもらわぬと戦闘の出来ないような、フランス流の歩兵戦は、役に立たない時がある。ヨーロッパでは『歩兵は独力で敵の陣地を破ることが出来ない。』といわれているが、極東の戦場では、そんな生ぬるい議論は通用しないのだ」（318ページ）

実のところ第一次大戦前のフランスは、後の日本とほぼ等しい「精神主義」「攻撃第一主義」をとり、「歩兵単独でも敵陣地を攻撃する」ことを行なっていた。

だが、機関銃など自動火器の発展により、第一次大戦の緒戦において、よく防御された敵陣地に対する歩兵単独での攻撃は「集団自殺」に等しい愚行であることが判明し、その結果としてフランスにとどまらず欧米諸国では、砲兵の援護の下で歩兵が前進するという「砲兵が耕し、歩兵が進む」戦術が基本となったのである。

しかし、欧米諸国と異なり大戦の洗礼を受けなかった日本軍では、この教訓が十分に浸透せず、また国力に劣る日本では、人員の養成が難しく、その整備と維持にも経費のかかる砲兵を充実させるのは難しかった。

また、日露戦争時の日本陸軍は火力重視であったが、当時の砲力では陣地にこもった敵兵を殺傷するには威力が足りず、弾薬の不足にも悩まされた。

さらに、体の大きなロシア兵による白兵戦は日本兵の恐怖の的になり、この「戦訓」から日本陸軍は白兵重視の道を選択することになってしまう。

　そして皮肉にも、士気も装備も不十分な中国軍相手の白兵突撃が成功していたことから、日本軍は歩兵の白兵突撃に過剰な自信を抱き、後の太平洋戦争において米陸軍相手に敗北を繰り返すことになるのだ。

　このような日本陸軍の失敗は、「得られた教訓を正しく分析する」ことの困難さを示している。

　加えていえば、歩兵の突撃そのものは、「塹壕にこもる敵に銃口を突きつけ、降伏文書にサインさせるのは歩兵」と言われるように、機械化のはるかに進んだ現代における先進国の軍隊であっても、最終的な勝利を得るために必要不可欠として重要視されており、決しておろそかにしてはならない存在ではある。

　だがその「重要視された」ものが、いつの間にか「これさえあれば大丈夫」となる、すなわち「必要条件」が「十分条件」へとすりかわってしまい、バランスを欠いた歪な存在となってしまうことは、旧日本軍の精神力、歩兵の突撃に留まらず、バブル期の「土地さえ担保に取っていれば大丈夫」という「土地神話」など、歴史上多数の実例が存在する。

　人間は、えてして非現実的な「これさえあれば大丈夫」という安直な道に飛びつき、それを絶対視することで自らの責任を回避しようとすることがあり、それは時代や社会に関係なく、誰であっても陥りかねない落とし穴だといえるだろう。

平田はソ連陸軍の最大の強味は平時戦力で、日本陸軍の三倍の兵力を持ち、戦争となれば苦戦は免れないとして、戦力の増強を唱えている。

さらに騎兵、そして砲兵、工兵など各兵種においてもソ連軍の方が数的に圧倒的に優勢であり、特に戦車や自動車部隊は世界最大であるのに対し、まだ日本には同種の兵団が存在しないことを憂い、「一日も早く、かれ等に負けぬだけの、精鋭無比な大自動車集団」を造りたいと述べている。

化学戦については「赤軍の十八番」と評し、本書では「緒戦（第一戦）から、悪性の瓦斯攻撃をやるに違いない」と断じ、そしてソ連軍による化学戦についての取り組みが熱心に行なわれていることを紹介し、警戒を呼びかけるものとなっている。

最後に、航空戦ではやはりソ連軍の数が多く、また航空機の性能も急激に向上していることを述べつつも、質においては日本軍が上であるとしている。

「僕はわが九一式戦闘機が出来た時、大いにロシヤの飛行隊を罵ったことがある。『ロシヤの空軍は数こそ多いが烏合の衆だ。ことに戦闘機は、三百粁の速力を出せるものが、ただの一機もないではないか。あれではわが九一式戦闘機に追撃されたら、逃げることさえ出来ないだろう。それにロシヤ人は、性質が鈍重で動作がのろいから、火花を散らすような電光石火の空中戦では、断じて第一等の戦闘者になれないと思う。』これを聞いて、あるロシヤ人が大変怒ったそうだが、お気の毒だ」（335ページ）

この文は前述の米軍人に対する評価と同様に、日本人がロシア人より優秀であることをもって、勝算を語っているものである。

単純な日本人優越論ともいえるが、むしろ米国相手と同様、日本が数において大幅に劣ることから、逆にそういった点に勝算を求めざるを得なかったとも考えられる。

極東戦の審判

ここでは日本の対ソ戦争についての総決算、ならびにソ連の実情についての平田の分析が行なわれている。

日本軍とソ連軍の野戦は大兵団同士の決戦によって勝敗が決するとした上で、その決戦については以下のように描写している。

「まず飛行隊が爆撃、偵察、戦闘、駆逐の各隊のこらず猛撃をはじめる。つづいて砲兵が砲身が焼けるほど射ちまくり、その砲火の下を、装甲機械化兵団が突進するのだ。

しかし、こんな戦法は、何もかれ等の専売ではない。わが空軍も、壮烈きわまる打撃を赤軍の頭の上へ、浴びせかけるのである。

僕は、わが急降下爆撃隊が、敵の散兵線、砲兵陣地、戦車隊と、あたるを幸いに切りまくる状態を想像し、また重爆撃機が、決戦に急行する敵の予備隊にむかって、大爆撃をやる姿を思うのだ。戦闘機も、急降下射撃をやって、地上攻撃に独特の凄味を見せるだろう。

陸戦も海戦と同じく、第一に空中を奪わねばならぬ。

僕はわが陸軍飛行隊の大勇猛心に、何よりも望みをかけているのだ。

そして、最後の白兵戦に到っては、もう議論を離れた、精神と精神の戦である。

気力の強い方が勝つのだ。われ等にとって、胆力を強くすることが、何よりも大事である」（338～341ページ）

この文は、現在の戦闘に対する認識と比較しても、さほど大きな違いがないことが分かる。精神力についてもあくまで「最後の白兵戦」に関して述べているのであって、決して火力や機械力の代わりになると唱えているわけではない。

ただ、それでも「何よりも大事である」と精神力を最優先しているのは、当時の日本らしいといえるだろう。

さらに、決戦場は軍需工場から遠く、食料も現地で獲得できないことから、補給が重要な要素であり、鉄道と自動車路を「軍の動脈」「命の綱」と呼んでいる。そして、日本は複数の交通線を維持しているが、ソ連は全てをシベリア鉄道に頼っていることから、輸送においては日本の方が圧倒的に優勢だと論じている。

米海軍との戦いについてもそうだが、本書は兵站を決して軽視しているわけではない。むしろ兵站における日本の優位を強調し、勝算を語っているのだ。

現在、日本軍が兵站を軽視していたといわれることは多く、実際に日本軍は補給で数々の失敗をしているが、それは補給の重要さが認識されていなかったというよりは、もともと日本軍は迎撃戦または攻勢防御を想定していたため、遠隔地での戦闘を考慮していなかったことから兵站は後回しになったというのがより真実に近いと思われる。これは現在の自衛隊と共通するところでもある。

そして、その問題を解決できないが故にこそ、日本軍は精神力に頼らざるを得なかった、と考えると、現在でも本質的な問題から目をそらし、精神力のような明確にできないものに依存してその場を糊塗するようなことが頻繁に見受けられる点を見れば、戦時中の日本と現在の日本もさして変わらないのではないだろうか。

また、ソ連は広大な国土を有していることからソ連領内への深入りは禁物であること、ソ連海軍は弱体で日本海軍の敵とはなり得ないことについても言及している。

そしてソ連が経済五ヵ年計画を成し遂げたこの時期、飛躍的に工業力を増していたことから、現在は日本にとってそれほど脅威ではないとしても、近い将来にはさらにソ連軍が強力になるであろうと予想している。

特に当時のソ連の厳しい管理体制・恐怖政治と、国民生活を犠牲にした軍備偏重について言及し、第二次五ヵ年計画がシベリアに重点を置いていることから「極東大進軍の前ぶれ」として、大きな警戒心を抱いている。

本章の文からは、著者は本書執筆時点における日本の優勢を信じつつも、将来については不安視していたといえよう。

やはり日露戦争時、そして第二次大戦後冷戦期のソ連脅威論と同様に、大国ロシアは日本人にとって大きな脅威として捉えられていたことがうかがえる。

総動員の日本

第三部であるここでは、日本の国防全体を論じている。

極東民族の同盟

まず「日本民族の精神力」について言及し、日本の国防線を強化するのは最終的には精神力だと唱えている。

そして、満州国軍が日本の友軍となったのを始めとして、極東の諸民族が一つとなっていく姿に、平田は大きな期待を寄せている。

「——僕は極東の色々な民族が、日本を中心として、たがいに結びあって行くのを見て愉快に耐えない。朝鮮や台湾の諸君も、近ごろ母国を思う感情がいよいよ深くなったようだ。

僕のところへも諸君からよくお便りをいただくが、みな「満州国の軍隊に入りたい。」とか、「新しい潜水艦の設計をしたから見てくれ。」とか、「支那の抗日が憎らしい。」とか、日本を思う情があふれているのだ」(363ページ)

平田の元へこういった手紙が届いていたのは事実であろう。しかし、それらはあくまでも一部の声であって、大多数は特に関心を持っていなかったのも、また確かである。

現在でも頻繁に見られる、一部をもって「アジアは〜」と断じる姿勢と同様に、人間は自分の考えに合致したモノを見つけたとき、それについて深く考察することなく飛びつき、かつ大多数が同じ認識であると思いこんでしまいやすいものなのだ。

空襲の予想

本書でもこれまで何度も繰り返し取り上げて、大きな関心を割いている日本本土空襲についてのまとめといえる部分である。

「わが戦略体制の強いことは、ほとんど天下無敵とも思える。しかし、この強い兵形をもってしても、空襲だけはまぬかれることが出来ないのだ」(365ページ)

このように述べた上で、米軍もソ連軍も、戦争になれば必ず日本本土空襲を目論むと警鐘をならしている。

そこで平田は、これらの国の根拠地が日本から遠いこと、またその根拠地も短期間で日本軍に占領されることを挙げ、日本の防空作戦は「東京を中心とした三千キロの円」の制空権を日本の飛行隊が奪うことを原則とすると説く。

しかし、空母までも使用された場合、東京空襲を完全に阻止することは困難であるとして、日本本土上空で激しい迎撃戦が行なわれることを予想し、空襲の恐ろしさについては以下のように述べている。

「かれ等の一編隊に襲撃されたら、東京は火の海になるかも知れぬ。これを防ぐのは、ただ消火隊の決死的行動だけである。

さらに、どろどろの毒瓦斯イペリットが投げられた時のことを考えると、思わず膚が粟立つのである。これに触れるものは、みな腐るのだ。戦場の軍隊でさえ、この毒で攻められたら耐らないのである」

「また、悪魔のような敵は、水源地をねらって、チフス菌、コレラ菌、狂犬病菌などをふりまくかも知れない」（378ページ）

これらの描写も、現在広くいわれている、BC兵器によるテロやそれらを搭載した弾道ミサイルの脅威を訴えるものとほとんど変わらず、当時も今も有事において怖れられるものにさして違いがないことがわかる。

そして、米ソの空軍力の拡大を繰り返し述べ、防空準備の必要性が強調されている。

史実の大戦では繰り返すまでもなく、日本本土は米軍のB29による戦略爆撃により、多くの都市が焼け野原になり、大きな敗因となったことから、戦前の日本は空襲への備えを怠っていたようにいわれることが多い。

確かに、日本が防空戦に破れたのは明白な事実であるが、それは「本土空襲を想定していなかった」からではなく、平時の想定が戦時に活かされなかった、または役に立たなかった実例と見るべきだろう。

やはり平和な時代において、脅威を現実的な問題として受け止め、将来を予期した上で的確な対応をとることがいかに難しいかが、ここに現われている。

動員令下れば

この章は、有事になったときの動員体制についての説明である。

当時は第一次大戦で行なわれた国家総力戦が広く唱えられていた時代であり、人員だけでなくあらゆる産業が戦争に投入される様子を描いている。そして、第一次大戦で膨大な動員や軍需生産が行なわれたことを紹介し、莫大な軍費が必要になるとも説いている。

現在、「太平洋戦争時、日本は国家総力戦を理解していなかった」とはよく指摘されることであるが、前項の防空戦と同様、平時において、特に第一次大戦の実態を直接体験しなかった日本では、それを実感するのは困難であったのだろう。

また「精神動員」として、以下のような解説が行なわれている。

「このほか、精神動員として、研究室の科学者を総動員し、新兵器や軍需品の研究をやる。

又、学者や学校や新聞雑誌や映画を総動員して、思想戦をやるのである。

この思想戦は赤軍が非常に熱心に研究しているが、戦時には、かれ等は多くの間諜をつかって、日本の悪口をふれまわるだろう。

まさか、日本人でかれ等に騙されるものはあるまいと思うが、油断は出来ぬ。ロシヤは平時から、わが国へ手をのばして、思想侵略をやっているのだ。

ロシヤだけではない。米国も思想戦をやっている」（392ページ）

このように戦時における「思想戦」の重要性を述べ、思想統制の必要性を訴えており、ここで間諜の行動として「鉄道や発電所の破壊」などのテロ行為や情報収集、さらには軍機に関する情報を漏らすことから非戦論まで含めている。

筆者は戦時における思想・情報統制を無条件に否定するものではないが、やはり平田の認識は「間諜」をあまりに幅広く考えすぎていると思われる。

大戦中のいわゆる「非国民」という非難も、結局のところ政府だけでなく、このように「善意の一般市民」に煽られたところが多分にあろう。

しかしながら、このような心理は戦後の「軍国主義者」といったレッテルと大した違いはなく、やはりこの点でも戦前と戦後に大した違いはないだろう。

日本の戦力

本書の最後となるこの章では、日本が長期戦を戦えるかについての分析である。

「僕は、日本の戦略を論じて来て、どんなにわが国の国防線が強いかを明らかにした。最後に残っているのは、『強いことは強いが長い戦争は出来ないだろう。』という疑問だ。

これに対しても事実は、はっきりと『否、日本は長い戦争に耐えられるぞ。』と、こたえてくれている」(395ページ)

この文以降、日本には人的資源、そして鉄、銅、アルミ、さらにゴムや火薬、ソーダ灰、塩など各種工業資源は豊富に存在することを述べている。

さらに、石炭については満州の炭田があり、石油についても満州のオイル・シェールから石油が採れるので問題はないとしている。

なお、現在でも「石油の枯渇」が叫ばれることはよくあるが、一九三〇年代も同様に遠からず石油が枯渇するといわれ、代用として石炭の液状化や、オイル・シェールからの頁岩油（厳密にいえば石油とは異なる）が期待をもたれていたのである。

しかし、現在ではそのような石油代用品がほぼ姿を消したことから分かるように、油田開発の進展によりほとんどは採算が取れず、ものにならなかった。（現在、満州には大慶油田が存在していることが知られているが、当時も少なからぬ油田情報が現われては消えていた）

そして、日本陸海軍が健在である限り、日本が封鎖されることはなく、南方や中国大陸からの資源も入ることから、日本が第一次大戦のドイツのように飢えることはないと説いている。

やはり本書執筆時には、「日本は長期戦に耐えられない」とする意見が広く唱えられており、それを打ち消すためにこのような説明がなされたと考えるべきではないか。

結果としてみれば、こういった主張が多くの日本国民を長期戦について楽観視させ、太平洋戦争において国策を誤らせる一因となったことは否定できない。

このあたりはバブル期に、「日本はこれからも発展し続ける」と楽観論を唱えた論者と共通しているといえるだろう。

そして最後に「血は腐らぬ」として、著者は日本を「極東平和の守り神」だと以下のように述べている。

「日本は、今や、ほんとうに、『大日本帝国』としての、第一歩を踏み出したのだ。われ等は、驕らず、怒らず、又、悲しまず、憂へず、堂々と行進するのだ。日本民族には、永遠に若い血がみなぎっている。この血は断じて腐らない。血の腐敗しない民族は戦いを怖れない。

しかし、また、われ等は決してドイツ流の侵略主義ではないのだ、血を見てよろこぶ惨忍さは、日本民族の知らぬところである」（403ページ）

「義勇を忘れて日本はない。義勇の精神を失った者は日本人ではない。

この書は、日本人に捧げる軍書である。

日本に生まれ、日本に生き、日本に死すことを、絶大の誇とする諸君に、心から捧げる昭和の軍書である」（404ページ）

このような当時の高揚する日本ナショナリズムが、前述の中国への優越感とも相俟って必要以上の大陸への深入りへと繋がる下地となったのではなかろうか。

また、「白人とアジア人」との認識が、「白人に支配されているアジアを解放する」との建前から、太平洋戦争へ繋がる要因となったこともうかがえる。このあたりは欧米列強の「世界を文明化するのは白人の責務」、旧ソ連の「社会主義の輸出」、そして現在の米国の「民主主義の輸出」と似たようなものであろう。

もちろん、それらには厳然とした「国益追究」があったわけだが、同時に「建前に裏打ちされた善意」がその後押しとなったこともまた事実である。

戦前の日本の場合、当時のマスコミや言論界がそのような「建前」をセンセーショナルに煽り立て、異論を封じてしまったことが国を誤らせる原因になったといえよう。

【総括】

本書の記述を後世の目で見返してみると、やはり中国に対する優越感が目につく。

当時の日中双方の状況からすれば、決して根拠のないものともいえないが、それだからこそかえって「中国はすぐに屈服する」という誤った認識を元に、日中戦争の泥沼に足を踏み入れることになったといえるのではないか。

そして中国への優越感と、米国や英国、ソ連への対抗心が「日本による中国市場・資源の独占」という途方もない幻想に日本をのめり込ませ、それが中国からの撤兵を不可能にし、太平洋戦争という最悪の選択へとなだれ込んでいく結果を生んでしまったのだろう。

本書も、その大半は決して理不尽なことを主張しているわけでもなく、また特別に神懸かり的というわけでもない。しかし、それだからこそ多くの読者から「本書の記述には合理的な根拠がある」と受け止められ、結果としてみればより誤りを深刻化させたのである。

また本書では、確かに日本の勝利を主張はしているものの、米ソと比較して単純に兵力で劣る日本が楽勝できると見ているのではなく、原則的に日本が守ることで「地元の利」を活かして勝利することを唱えている。

これは当時の日本軍の基本的な戦略であったが、その結果として正面戦力の充実に力を注ぐ一方で、後方支援が疎かになり、遠隔地での活動に支障をきたしたのは、太平洋戦争の敗因の一つとされている。

とはいえ、それを当時の国防政策の欠陥とみなすのは行き過ぎだろう。戦前の日本の国力では、全てを充実させることなど不可能であり、重点を絞ったこと自体は責められない。

軍を平時の抑止力、外交の道具として考えれば、華々しい正面装備に力を入れるのは決して間違いではないのである。

むしろ太平洋戦争そのものが日本軍の能力を大幅に超えるものであり、そのような手段を選ぶ羽目となった方に問題があるとみるべきであろう。

各種の想定を行ないつつも、楽観的な記述に終始し、結果論としては重大な誤謬を犯してしまっている本書からは、平時において有事に対する心構えを説くことの難しさ、また安全保障上の脅威を正確に認識し、対応することの困難さが伝わってくる。

『米國海軍の眞相』を読む

財団法人有終會 編

昭和七年十一月発行
創造社

『米國海軍の眞相』——目次

本書は昭和七年（一九三二年）に、それまで雑誌『有終』に掲載されていた記事をまとめ、加筆して出版された書籍である。

内容は題名通り米海軍の分析を主に行なっているが、それだけに止まらず陸軍や外交政策、国力についても詳細な分析が行なわれており、非常に資料価値が高いものだ。

出版された時期は世界恐慌勃発の三年後、ロンドン海軍軍縮条約調印の二年後にあたり、また日本が満州国を建国した年である。

翌年に日本は国際連盟を脱退し、国際社会からの孤立の道を歩み、本書の出版から九年後に日本は太平洋戦争へと突き進んでいった。

いうなればこの『米国海軍の真相』は日本が米国との対立、そして戦争へと大きく舵を取ったその時期において、日本が最大の敵手たる、米国およびその海軍に対し、いかなる認識を持っていたのかを示すものである。

もちろん、本書はあくまでも一つの出版物に過ぎず、その専門的な内容からも広く一般に読まれるものではないため、一般国民の共通認識を示すとまではいえないが、それでも当時の日本において学識ある人間が「仮想敵国としての米国」をどのように受け止めていたのかについてうかがうことのできる、非常に興味深い内容となっている。

なお、各項の内容に重複する部分が多いが、これは元々が雑誌の記事であり、複数の人間が別々に記事を書いたからだと思われる。

序文

「凡そ国防に関することはただ其の局に在る者のみならず、国民全般が常に其の重大性に考え、真剣なる注意を払うべきは呶々（注・繰り返して言うこと）を要せざる所なり。現下帝国内外の情勢に伴い、国防に関する国民の関心大に加わるに及び、軍事に関する文献の刊行せらるるもの多く、叙上の目的に裨益するもの少なからずと雖、往々にして叙事誇張に失し、又は著しく扇動的にして、徒らに人心を刺激し、吾人の期待に副わざるものあり。

然るに今回有終会刊行の『米国海軍の真相』は米国海軍軍備の内容に関する紹介より同国外交政策と海軍の関係に対する史的考察に至る迄、此種研究書として遺憾なき実質を備えある以て、軍事および国際情勢に関心を有する一般人士に対し、得難き参考資料たるは信じて疑わざる所なり。

囑に応じ一言以て序となす。

昭和七年十月　海軍軍令部次長　高橋三吉」（序文1～2ページ）

このようにこの『米国海軍の真相』は海軍軍令部次長という、海軍の戦略を左右する立場の人間が高く評価した推薦文を書いており、当時の海軍上層部が抱いていた認識の一端を垣間見させてくれるものである。

総論

この章では、まず日本が満州国を承認したことが原因で日米の対立が先鋭化していることを述べ、そして日本国内では米海軍の行動について、即座に戦争が始まるかと思わせるような、刺激的な報道がなされている点について指摘している。

満州事変が起こった当時は「第二次世界大戦」の勃発かと騒がれたこともあり、一時期、国際情勢は非常に緊迫した。

とはいえ、パリ不戦条約やロンドン軍縮条約が調印されて間がないこともあり、日米両国および国際世論には戦争反対の気運が強く、戦争にまで至ることはなかったのである。

「斯の如く頗るデリケートな現状に立到っているとはいえ、我より進んで挑戦するなど固よりあるべき筈なく、米国とてもその自衛権に抵触せざる限り、決して漫りに兵を動かすものでないことも亦明かであって、戦争など起こるべしとは考え及ばない所であるけれども、疑心暗鬼ということと、自ら昂ぶり他を侮るということと、実情の観察が不十分であることとは、思いもよらぬ衝突の原因をなすこと、過去の歴史が証明する所で

あるから、我等も亦己の実力を知ると共に、先方の事を遺憾なく探求して置かねばならぬ」(4ページ)

ここでは、日本国内に米国の事情に通じた人間が少ないために、本書の出版はその欠点を補うことが目的だと述べられている。

そしてまず米国に対する基礎的な認識としては、

・現在(一九三二年)の世界において政治、経済ともに牛耳っているのは米国であり、中国進出においても著しく出遅れたにも関わらず今ではその勢力を増大させ、日本に対しても重大な影響力を持っている。

・実質的に独立国に近い四十八州(注・当時)の集まりで国情が非常に複雑。

さらに米国人の矛盾した国民性に言及し、

・平等を掲げつつ人種、宗教に関する偏見が非常に厳しい。また自由を掲げつつ思想に対する政治の取り締まりが厳重である(注・これは一九二〇年代にアメリカを覆っていた共産主義弾圧政策、いわゆる「赤狩り」を指すものと思われる)。

・拝金主義であるが、同時に金に対して淡泊であり、米国の富豪が平和事業や慈善活動、学術研究に喜捨する金額は莫大なものである。

・思ったことを即座に口にする直情径行であると同時に、世辞が上手で巧言令色は社交の第一用件とされている。

・個人主義者であるが他人には親切で、また郷土的精神と愛国心に満ちており、個人的な反面、国家的意識に燃えている。

・平和を鼓舞し、不戦を主唱しながら、建国以来戦争を繰り返している。

・進歩的で、何事も進歩改良を第一義とするが、同時に保守的である。

・実際的で非抽象的であるが、同時に何でも道徳化し理想化せねば気が済まない。

そして日本人が注意すべき米国民の特質として、

・地理的に長く世界から隔絶していたことから、非常に楽観的である。

・「民主主義」や「宗教」について善意の押し売りを行なう。

等々多岐に渡る批評が加えられ、全体としては決して一方的な非難でもなければ賛美でもないスタイルで書かれている。

個々の内容には異論があるかもしれないが、現在日本で一般にいわれている米国人に対する評価と大した違いがないことも確かである。

る。昭和初期の日本人も、いま現在とさほど変わらない目で米国を見ていたことがうかがえる。

「そこで我等が特に軍事に関して考慮を要することは、米国海軍今日に至る迄の発展は数回の実戦を歴たものであり、未だ曾て一回だに敗戦したことなく、流石に強大を以て誇れる英軍にさえ一籌を輸せしめた程で、彼等の自恃心は益々固く、此の常勝軍たる海軍古来の伝統を失はざらんとして、後進の教育に全力を盡しつつあるのであるから、斯の常勝軍たる意味に於て歴史を同じうする我海軍の敵となりたる暁に於ても、之を屈せしむることは中々に容易であるまい。況んや華府会議以来、勢力に於て劣れる比率を押付けられ、互角の勢を以て対立のできない現状に在るに於てをやである」(12~13ページ)

この通り、米海軍の強力さに警鐘をならし、そしてワシントン軍縮条約以来米海軍よりも劣勢な戦力を余儀なくされている(それ以前から米海軍より日本海軍が優勢だったことは一度としてないのだが)日本の状況下では、「不敗を誇る」米海軍を屈服させることは困難であるとしている。

そしてこの章の最後に米国の歴代大統領の海軍についての発言を引用しているが、その多くは米国の国防における海軍力の重要性を説くものである。

史篇

この史篇では米国について「外交史」「領土拡張史」「海戦史と伝統」に分けて詳しく記述している。

外交史

まず「外交史」では、米国外交の基軸として「モンロー主義」「汎米主義」を挙げ、そして日本に直接関わりがあるものとして「中国への門戸開放主義」「満州進出と九国条約」「満蒙事変」「上海事変」などが挙げられている。

個々の内容については現在、一般にいわれていることとほとんど変わらないが、当然ながら満州事変などに関しては、当時の日本の立場を強調するものとなっている。

まず、本書の執筆中の出来事である満州国の建国についての米国の出方については、以下のような見解を示している。

「惟うに満蒙に対する米国の関心は単なる経済問題である。其の利害は之を以て国民の生活問題国家の生存問題とする日本のそれに対し同日の比にあらざることは、我等の喋々を要せざる所である。併し我等は之が為に敢て米国の利害を無視せんとするものではない。現に満州国は門戸開放、機会均等主義の国策を一定し、日本も亦夙に此の主義を尊重し、屢々之を声明している。米国は宜しく安んじて満州国の独立を歓迎すべく、其の健全な発達の為、一層の助力を惜むべきでないと思われる」(40~41ページ)

この通り、満州国を巡る問題については楽観視していたことがうかがえる。

将来を予見できなかったのは仕方ないが、結果論としていえば誤りであることは明白だ。その原因は、「米国の関心は経済問題、日本にとっては生存問題」とする認識そのものではなかろうか。

当然ながら日本の外交手腕次第で、満州においてある程度の権益拡大を認めさせることは可能であったろうが、満州国建国そのものが現地軍の暴走を追認した、先の見通しのないなかで進められた泥縄式政策であったこともあり、国際的な支持を得られなかった日本が選択したのはよく知られている通り、翌年の国際連盟脱退であり国際的孤立の道であった。

これは厳しい言い方をすれば「日本にとっては生存問題」とする「特権的立場」にあまりにも固執しすぎた、国際社会に対する「甘え」心理がもたらした結果だといえるだろう。

もっともこれについては現在の日本でも、国際社会に対し実際の能力以上の「特権的立場」を持っているとする主張は珍しくはない事実を考えると、やはり昭和初期も今とさほど変わらないといって良いのかも知れない。

そしてこの認識の誤りはその後、太平洋戦争に日本が敗北するまで日米関係に付きまとうのである。

また、日米戦争勃発の可能性については、史篇九項「日米戦う可き呼」にて日米間の問題は、戦争にまで至るほど重大なものではないとした上で、以下の通り、日米戦の可能性について否定的な見通しを述べている。

「勿論我等は無条件に其の絶無を保障し得ないけれども、只茲に一つの確かな事は、我日本に充分和戦の準備がある限り、日米間に戦争はあり得ないと云う事である」（44ページ）

そこで本書は、「米国には日本を攻撃する大義名分がない」「現時点（一九三二年）で日本に対し確実に勝てる戦力がない」、そして何より「米国は極東の事件に国家の面目や死活に関する重大な利害を持たない」ことを根拠としている。

しかし、米国が強力な海軍力を保有しており、その目的が経済外交の後援であることを述べつつも、それを使う誘惑にかられる可能性があることにも言及しているが、それについても以下のように戦争は避けられると主張する。

「茲に我等の禍機が伏在しているのであって、米国が優勢な兵力を維持することは其の動機に於て何等非難すべきでないが、我に充分な用意と覚悟とが無ければ、米国が何日か我国に対しそれを使い度くなるやも計り難く、日米戦争も決して不可能だとは言われない。従て我国としては、常に和戦両様の準備を整え、以て不測の挙に応ずる覚悟がなければならない。是れいくさを避けるに最も有効な手段である」（46ページ）

このように、「和戦の準備こそが戦争を避けるのに有効」とする主張そのものは、安全保障において至極まっとうなものであり、戦前の日本海軍も米国を仮想敵としていながら、実際に戦争をするよりはむしろその海軍力により米国に対日戦を割に合わないものだと認識させて、武力行使を諦めさせる「抑止力」としての存在を重視していたのは確かであろう。

ただ、その「戦わない海軍」、強いていえば「戦うべきでない海軍」が、なぜ対米戦争に突入して行ったのかは深く考える必要があるだろう。

「惟うに日本と米国とは太平洋を隔てた隣国である。好でも嫌でも隣国が常に親善でなければならぬことは自然の運命である。両国の間には既に歴史的に最も親善な関係が成り立っている。両国民が此の関係を増進し、共存共栄の為に努力する事は実にその崇高なる義務ではあるまい乎」（47ページ）

ここは後世の目から見れば、あまりにも楽観的に過ぎる内容である。

とはいえ当時、第一次大戦が「戦争を終わらせるための戦争」といわれ、その終結後に主要国の間で軍縮条約、不戦条約が結ばれたことにより「世界は平和へと向かっている」と思われていた時代でもあり、むしろこのような認識の方が一般的だった。

またそれ故にこそ、満州事変に対しても主要国が武力行使はもちろん、経済制裁のような強い措置に出ることはできなかったのだ。

同じように冷戦体制崩壊時には、「これで世界は平和になる」と期待されたものの、むしろそれまで抑えられてきたタガが外れ、民族紛争やテロが頻発するようになったが、こういった事例が「国際情勢」というものの不安定で、うつろいやすいさまを物語っているといえるだろう。

さらに引き続いて直接的な日米の問題を挙げ、「日米経済断交は可能なるや」「排日（日系移民排斥）問題」について言及されているが、どちらも当時の国際情勢の平和志向が強かったこともあり、楽観的な見通しを述べている。

領土拡張史

第二部である「領土拡張史」では、米国の建国以来行なわれてきた急速な領土拡張の歴史について言及している。

細かい内容については割愛するが、著者の関心は米大陸における領土拡張よりはむしろハワイ、フィリピン、太平洋諸島、そしてパナマ運河地帯（当時のパナマ運河地帯は一九〇三年のパナマ運河条約により米国の永久租借権が認められていた。なお七七年に再度条約が結ばれ、九九年パナマに返還されている）およびパナマ運河周辺の島々の獲得について向けられているようである。

これは、それらの地域の獲得が比較的最近（ハワイ併合は本書出版の三十四年前、パナマ運河周辺の島々の獲得は十数年前に過ぎない）であったこと、特にハワイやフィリピンの領有が日本の安全保障政策に重大な影響を与えていること、さらにアメリカの領土拡張が止まったわけでないことを読者に示そうとする意図があるものと思われる。

さらにキューバ、ハイチ、ドミニカ、ニカラグア、リベリアの各国を米国の「保護国」として個々に論じた後、その政策をこう評価している。

「茲に米国の保護国政策に就き一言せんに、該政策は同国の伝統的土地買収政策以外に採り来た都合好き政策であって、是れ亦米国の慣用手段であるが、名よりも実を取る主義からいうと、より簡単である上に外見も麗しく、且つ保護国の国民としても、公然領土として併合せらるるよりも、兎に角独立国として現存するのであるから、保護を加える一国に対する感じが好いと言わなければならぬ。特に大戦以来、従来戦勝国であっても、他国の国土を割取するということは之を避けんとするの傾向を生じ来った所から観てその国土に対し、委任統治権とするに非ざれば、之を保護国とするのが最良策のように思われる」（75ページ）

ここでの「保護国」という表現の妥当性には異論があるだろうが、その後の歴史を考えると実に感慨深いものがある。大戦後の日本に対する諸政策はまさしくここに記載されている通りであったし、現在でも「米国の裏庭」たる中米諸国など多くの国に同様の政策を展開しているのは周知の通りである。

そして米国が中米から南米までも支配し、カナダと結合して西半球全てをその勢力圏に入れる可能性まであることに言及して、以下のようにまとめている。

「以上は単に我等の推測に過ぎないのであって、取越し苦労という人があるかも知れぬが、既に予兆ありとすれば、警戒を加えるのは賢者の処置である。況んや彼は夙に極東に着眼し、門戸開放、機会均等主義を高調するは尚可なりとして、或は軍縮を首唱し、或は平和を標榜しつつ他を拘束するの条約を結びてその施措を妨害し、以て自らその目的とする虜に望まないまでも、弱国に対する一強国の保護政策に対し、動もすれば之に容喙して、紛議の種子を蒔かんとするの空気濃厚なるに於てをやである」（76ページ）

ここでの批判も現在、日本に止まらず世界から米国に向けられているものと比較して大きな違いはない。ただ、当時の日本は米国の同盟国であったわけではないから、さらに深刻に受け止められていたのは間違いあるまい。

この「外交史」「領土拡張史」において唱えられている主張を簡単にまとめれば、「米国と無用の対立を招くような真似をするべきではないが、同時に警戒は怠るな」となるだろう。全くの正論といってよいが、本書の出版以降、むしろ米国との対立が深まっていったのは皮肉としかいいようがない。

海戦史と伝統

最後の「海戦史と伝統」は前の二章と異なり、米海軍を中心に論じられている。ページにして全体の五分の一を過ぎ、ようやく本書の題名通り米海軍の分析に入ることになる。

まずこの章では、米国海軍の伝統を重んじる姿勢についてアナポリス海軍兵学校に触れた後で、「独立戦争」「英米戦争」「南北戦争」「米西戦争」、そして「欧州大戦（第一次大戦）」における海軍の働きと個々の戦闘について言及しているが、本書におけるそれぞれの戦争についての評価はかなり興味深い。

〈英米戦争における「イリー湖の海戦」について〉

「此の戦闘中、米国側の美談数うるに違あらず、中には我が国のものと軌を同じくするものも少なくない。（中略）斯かる勇敢、忠誠の行為が単に我が大和民族のみの特色と考えるのは、大に誤れるものであることを茲に言明するに止めて置く」（101ページ）

〈南北戦争時代のダビッド艇について〉
「……艇自体が爆薬であるから、其の危険なことは目標に到達する途中もそうであるが、一旦目的物に接触点火するや、操縦者の命の断たるるは必定であって、之こそ真に決死的行為である。斯かる行為をば常に大和民族のみの特徴と思惟する人あらば、蓋し大いなる謬見と言わなければなるまい。戦の局に当る者の特に留意すべき事ではなかろう乎」（108ページ）
（注・正確にはダビッド艇の攻撃方法は、艇首に設置された棒の先の爆弾を爆発させるもので「命の断たるるは必定」は言い過ぎである。とは言え「必死」ではないにせよ、危険極まりない「決死」の行為であるのは間違いない）

〈米西戦争の「サンチアゴ海戦」について〉
「斯く最後の戦闘は簡単であったが、封鎖中は前述の如く米国側に相当の悩みがあった。さればこそ茲に特筆すべき行為が現はれたのである。此の行為たるや、後世米人の最も誇りとする所であって、事は敵前に於ける湾口（幅三百呎）閉塞であり、我旅順の殉国的同一行為に先つこと六年なることに注意せねばなるまい」（116ページ）

一読して明らかなように、個々の戦闘において示された米国海軍の勇猛さ、軍人精神を高く評価して、日本海軍に何ら劣らないと見なし、またそういった精神が「日本人だけ」のものではないことを繰り返している。現在、広くいわれるように、「戦前の日本人は『精神力の優越』を信じ込んでいた」との主張は一面的に過ぎるだろう。

しかし、逆説的に「日本人だけ」と思いこんでいる人間が少なからず存在したからこそ、それに対して警鐘をならす意図があったともいえる。

現在でも、良きにつけ悪しきにつけ、何かと「世界史上〇〇のようなことをしたのは日本人だけ」と深く調べもせず主張されることは少なくないが、そういった考えが時として国を誤らせることを実感させられる。

そして、「欧州大戦（第一次大戦）」についての評価は、以下の通りである。

「世論の国、米国に於ては、斯くして約二年の間、国民を参戦方向に指導したるが故に、愈々宣戦布告を見るや、上下挙って真に総動員の観を以て之に当り、国民の総意を独逸膺懲に向けることができた」

「素より戦争参加の時期等の関係上、海戦と称する程の舞台には臨んでいないが、海上任務だけでも、米国が負担した事業は頗る広範囲であり、大規模であり、又熱心さも他の国の追随を許さざる底のものであった。就中資源を以てする軍需動員の如きに至っては、恐らく其の数字は信ぜられざる程のものであった。発明力の総動員の如きも同様であって、尚ほ此等の中、世論国の常として、一般民衆の兵器軍需品等に関する考案が軍事当局を動かし、遂に之が実現の域に進んだものさえも少なくないのは、我国従来の経

験を以てしては、諒解に苦しむ程である」（119ページ）

ここでは米国の戦争に対する兵士や物資、技術の戦争への総動員の有様を論じ、国民が一丸となって戦争に邁進する様について述べている。

日本において戦前・戦中に出版された書籍では、しばしば「米国が世論の国である」ことを「弱点」として捉え、日本との戦争では世論が戦争反対の声を挙げて米国は日本と講和するだろう、という見通しが述べられていた。

だが実際には、「世論の国」であるからこそ、ひとたび戦争を唱える世論が高揚すれば、まさしく国家を挙げて戦争へと邁進することになる。

本書のような正当な評価が顧みられず、「世論の国」の危険性が軽視されたのは、圧倒的に強大な米国の弱点を探そうとする心理が、世論の動きを都合よく解釈することに繋がったのではないだろうか。

そして第一次大戦時、最大の脅威であったドイツ潜水艦対策のために行なわれた北海の機雷封鎖については、「米国人の抱負の大と実施力の偉なるとに驚かざるものはなかろう」とまで高い評価を与え、加えて戦前の米国は有効な機雷をもっておらず、機雷の製造、敷設艦の準備、作業人員まで、事実上全てを開戦後に準備したにも関わらず、それを見事に成し遂げたことも賞賛されている。

「右は畢竟米国が参戦以来実施した分り易き大規模作業概要の一端であって、此の他輸送船団の護送組織の創始、莫大なる陸軍兵の輸送等数えるに遑がない。之を要するに米国に於いては、其の豊富なる資源と設備を利用し、平素の平和的設備をも直に戦時的設備に転換し得ること、並びに之に関し偉大なる力（フォース）を有するということは、吾人の記憶して置く必要があろうと思う」―（122ページ）

この通り、米国の戦時における強大な力に対して敬意を抱くと同時に畏怖の念をも示し、これらをまとめて以下のように論じている。

「弗の国米国、其の米国々民が単に物質的に之に頼り、精神的方面を閑却せるが如くに観るものもあるようである。仮りにその傾向ありとするも、彼等が一たび建国の精神に蘇生し、祖先のスローガンの叫びに接するや、ブルドッグの如くに飛びつき来ることも史実が之を証している。サンチアゴ閉塞の快挙、及び之に参加せんとせる決死隊志願者の数を見るとき、オリバー・ペリーが彼の藍色の戦闘旗の掲揚を部下に諮ったとき、水兵の歓呼を浴びせられし光景を黙想するとき、必ずしも彼等の武士道的精神を軽視してはなるまい」（123ページ）

「（一）封鎖戦は如何　欧州大戦に於ける北海の機雷堰のことは姑く置くも、南北戦争以前の諸戦役及び米西戦争における経験は、恐らく区域範囲の広きこと及び期間の長き点に於て、間接並に直接封鎖を通じ、世界の海戦史上に其の例少い程であって、其の間の苦心惨憺の状は到底我日清日露両戦役に於て之に比肩し得べきものではなかろうと思われる。

（二）通商破壊戦は如何　独立戦争に於けるジョン・ポール・ジョーンスの行為、英米戦争におけるエセックス（艦長ポーター）、南北戦争に於けるアラバマ（艦長ラファエル・シームス）両艦の行動を始め、欧州大戦のエムデンにも劣らざる勇敢にして変遷滑脱の知恵或る活動をしているものが少なくない。其の行為の善悪は兎に角として、それに類する経験が我海軍に乏しいことだけは明かである。

（三）海戦としての経験は如何　前項に述べた海戦の外、個々の戦闘は数えるに遑あらず、然も其の度数に於ては決して少なくなく、歴史面に現れている限り、所謂艦破れ砲砕くるの激戦ならざるは少ない。只マニラ及びサンチャゴの両海戦は除外例と言うべきであろう。この点に於ても亦我海軍に比較し、彼はより惨憺たる戦禍の中に成長したと云うことができよう」（124ページ）

一読して明らかなように米海軍の勇敢さと経験の豊富さを高く評価しており、むしろ日本海軍よりも経験・実績において勝る点が数多いことを認めている。

「次に戦史の上から彼等の国民性を見当して見ると概ね左の如くである。

開戦劈頭に於ける砲火開始は多くの場合、敵に之を譲っている。まれに備砲射距離の関係もあったけれども、多くは首将の自軍に出て、『適当の距離に至って猛射を行う』という戦法を踏襲しているらしい。例えば独立戦争時のペリー、マクドノウ両提督、英米戦争時ヴァルバライソに於ける甲鉄艦メリマックの艦長、米西戦争に於けるデューエー提督等の行為が即ちそれであった。

速戦即決、一気呵成的の戦闘を好むの風あると同時に、国民としては戦争の長期に耐えうる辛抱力に富むことも窺われる。前者は既に述べた所に於て明瞭であり、後者は独立戦争の約八年、英米戦争の約二年半、南北戦争の四年の長期に亘れるに徴しても疑いない所で、要するに将来は知らず、少なくとも過去に於ては、最後の勝利を獲得せずんば止まらざるの趣があった。

利を見て勇敢なるも米国民の特質であろう。近き一例として米西戦争、欧州大戦の場合の如き、勇敢なる行為者に対し、多大の奨励的報償の制を設けたので、或はそれが為なりと評するものもあるようだが、之は形式こそ違うが、各国共に大同小異であるので、蓋し酷評と云うべく、少なくとも吾人としては、其の動機の何たるとを問わず、勇怯の戦争に対する反映を研究すれば足りるのであって、確かに勇敢なる行為を彼等の戦史中に発見するのである。（中略）大和魂ばかりを天下一品として、外国に魂なしとするのは、無知を籠絡する以外に益なくして、寧ろ危険である。唯孫子の所謂『己を知り、彼

を知り』、両々相俟ち、油断なくして始めて敗なきを得るものと確信するのである」（124～125ページ）

史実の太平洋戦争において示された「米国の国民性」も、ここに記載されたものと大きな違いはないことは明らかであり、的確な認識といえるだろう。

太平洋戦争における日本では、ここで指摘された「無知を籠絡する」意見が幅を利かせて国を誤らせ、最悪の形で本書の指摘の正しさを裏付けている。

「最後に本節を結ぶに当たり、一言附記し置くの要がある。それは日米両国共近代の海戦に於て、常に物資的の量に関し敵に勝り、而して共に容易に敵を制していることである。之れ事前の計画その宜しきによれるか、偶然そうなったかは姑く措くも、少なくとも米国に関する限り、将来も亦常にこの戦法を用ゆるものと推定することができよう。蓋し彼は利を見て勇むの国民性を以て、この筆法を利用善導することは正に為政者並に兵家当然の債務なるべしと考えられるからである。さればこそ軍縮会議等の場合、必ずや他を圧して、自己の物的海軍の所要要素を優越ならしめんとしているのであろう」（127ページ）

米国が常に戦力で相手に勝る状況を整えてから戦ってきたこと、そしてそれは日本海軍も同様であるとここでは述べている。

皮肉にも本書の出版以降、日本海軍は軍縮条約の枠の中で、劣勢な戦力下での米国海軍に対する正攻法での勝利を諦め、漸減作戦による艦隊決戦の勝利へと傾注していく過程で次第にバランスを失っていくことになる。

しかし、軍縮条約が結ばれなくとも元々日本には、正攻法で米海軍に勝利できるだけの艦隊を整備することは不可能であった。

結局のところ、ここで記載されている通り日清、日露における日本海軍の勝利は、軍事の基本通り「常に物資的の量に関し敵に勝る」ことにより成し遂げられてきたにも関わらず、軍縮条約が戦力だけでなく思考にまで枠をはめてしまった結果、それを自ら否定せざるを得なくなったことが、後の悲劇へと繋がっているのではあるまいか。

全体として「史篇」において示されている米国やその海軍・国民についての分析は非常に冷静かつ的確なもので、現在の目で見ても重大な誤りといえるのは「日米両国の親善関係」についての予想だけである。

序文にあるように、本書を海軍軍令部次長が推薦してから太平洋戦争の開戦までわずか九年しか経ていないことからすると、常識的に考えれば開戦時でもこのような認識を持っていた人間は、軍内部にも世間一般にも少なからず存在していたのは間違いない。

が、逆にいえばこれだけ冷静で的確な分析がそれなりに支持を得ていたであろうにも関わらず、それが国策に反映されず、結局のところ日本は米国との対立への道を歩んでしまった点は、重大な教訓とするべきである。

戦備篇

ページ数にして本書のほぼ半分を占めるのが、この「戦備篇」である。題名通り主に米海軍の艦艇や航空機などの解説の他、各地の根拠地、予算編成そして陸軍兵力、さらには米国の国力や貿易にまで踏み込んで、米国の戦争準備について分析を行なっている。

米国における諸般の戦備

一　米国海軍の発達

最初は「米国に於ける諸般の戦備」の紹介として、米国近代海軍の発展について一八八〇年以降の戦備の変遷について言及している。要約すると以下の通りである。

・第一期　一八八〇～一九〇八年まで

米国建国以来、中国との関係は漸次複雑なものとなり、また同時にハワイ併合についての欲求も高まっていった。

十九世紀の帝国主義は、米国の膨張熱と共に海外に目を向けさせたが、この時代の米海軍は他の列強に比べて不満足であり、外交上不利な影響を受けていた。

その太平洋進出にともない、一八八〇年以降米国は大規模な海軍整備を続けた。そして米西戦争でキューバやフィリピンを確保したことで、米国民が海軍問題に大きな関心を持つようになり、さらなる海軍拡張を実施、それが後に日本を訪問した戦艦十六隻からなる「白色艦隊（グレートホワイトフリート）」となった。

当時、大統領ルーズベルトは在任期間七年の間に、どこの国の軍艦にも劣らない艦の建造しか認めなかったので、米国海軍は世界の一大海軍国に躍進した。

・第二期　一九〇八から一九一六年まで
直接的な脅威を受けていなかった米国では先の大艦隊の完成により、それ以上の海軍の拡張は思うに任せない状況となっていた。

だが一九一五年頃から、著名な「三年計画案（ダニエルプラン）」が議会に提出され、海軍の大拡張に乗り出したが、その動機は第一次大戦で英独のどちらが勝利しても、勝った側は米国の脅威となりうること。また海上兵力の優越による国際的発言権の確保、そして何より日本の大陸進出が同じく東洋市場開拓の意図を持っていた米国を刺激し、太平洋上の活動に十分な武力の裏付けを備えるためである。

しかし、米国の第一次大戦参戦のために対潜水艦艦艇の大量製造など、当面の問題に忙殺された、また米国内の軍備拡張反対者の活動もあって思う通りにいかなかったが、それでも海軍力は大幅に増進した。

・第三期　一九一六年から現在（一九三二年）まで

ダニエルプランは具体化したが、戦後の物価高騰により建造の見込みがつかなくなった。それでも主力艦十六隻のほぼ一斉建造を急いだのは、平和会議において主導権を握るためであり、また中国問題に関して日本を抑圧するのに武力が必要と考えたからであった。それには完成していなくとも工事に着手する必要があったために、米当局は実行不能な建造計画を推し進めたのであった。

そこで実行してみると建造費が思う通りに出ないために工事は捗らず、物価の上昇により建造費も維持費も膨大な額となった、一方の平和会議では米国の主張が通ったこともあり、これ以上の出費を避けた上で安価に世界一の海軍国たろうとワシントン軍縮会議を開催したのである。

この会議では全艦種に同じ比率を強いようとしたものの、フランスの反対により補助艦以下の協定は遂げられなかったが、米国はほとんど建造不可能の未成艦と老朽艦を清算して、名実共に世界の一等海軍国となった。（ここでの米国に対する評価はかなり低い。確かに三年計画の進捗は遅く、予定通りの計画達成は困難な状況だったが、それでも最終的に海軍費用が国家予算の半分にも達する日本の八八艦隊に比べれば、遙かに現実的な計画であった）

ワシントン軍縮会議の後、協定外の補助艦の建艦競争が勃発したが、米国は議会の反対などの事情により補助艦の拡張が思うに任せず、巡洋艦では日本や英国に対し大きな劣勢を強いられることになった。

しかし、補助艦の制限を目的としたジュネーブ軍縮会議はフランス、イタリアに参加を拒絶され、残る日米英の三国会議も米国の「理解なき海軍主義」のため失敗する。

そして一九二七年に米国は海軍卿ウィルバーによる膨大な海軍拡張案が提出され、このウィルバー案は幾度もの修正を加えられたものの、最終的には一九二九年に一五隻の大巡洋艦建造を中心とした海軍拡張案が成立したのである。

これは軍縮会議で英米均等日本六割の比率を押し切るためのものであり、三〇年のロンドン条約により名実共に世界一の均勢海軍を実現した。

ここでの分析は全体としてやや「米国の陰謀論」に傾いている嫌いがあり、米国の政策に批判的であると同時に、特に軍縮会議については何もかも米国の思惑通りに進んでいるかのような印象を与える。

実際にはロンドン条約は、日米英三ヵ国ともに世界恐慌のただ中で、軍事費削減を目的に調印したこともあって、どの国もそれまで国防上必要としていた艦艇の必要数を大幅に下回る数字となり、軍部や一部政治家の反発は非常に強かった。

確かに、米国にとって軍縮会議は「成功」といって間違いないが、決して日本や英国にとっても特別に不利だったというわけではない。会議が決裂した場合、建艦競争を行なう余裕など、どちらの国にもなかったのである。

とはいえ、当時の日本では軍縮を歓迎する声の一方で、こういった「軍縮会議では煮え湯を飲まされた」とする考えもまた広く唱えられており、それが後に日本の第二次ロンドン軍縮会議脱会（一九三六年）に繋がっていくのだ。

「是に於て考えなければならないのは、英米均勢を獲得した米国は英国に対する戦争などはほとんど眼中にはないであろう。英国にしても、加奈陀、豪州を控えて米国と戦争するの具を敢えてするものではない。仍て自然米国の想定敵国が何国であるべきやは容易に想像し得らるるであう。換言すれば、米国の海軍政策は戦うと戦わざるに拘らず、その想定敵国の征服に根底を置くものであることが瞭かである。是は米国大海軍論者の暴慢なる放言に聞くまでもなく、同国に伝統づけられた三十年来の国策であると観なければならぬ」（143ページ）

明言こそ避けてはいるものの、本書でも米国の長年の仮想敵が日本であると見なしているのは明かである。

「されば倫敦会議後新たに制定された米国新海軍政策には、世界第一の海軍を創造し、維持し、運用すること、但し条約の諸条項に合致するものなること、海軍諸勢力の決定は第一に必要とする戦闘を目標とすること等の条項を挙げているが、特に目立って我等の眼に映ずるものは、平時より明日の戦闘に即応する施設を強調していること、各種艦船の総てに亘って行動半径を大ならしめ、渡航作戦に適応せしむること、飛行機能力の優秀と民間航空機の戦時転用を奨励していること、海陸共同作戦に遺憾ならかしむること、通信及び諜報機関に万全の機能を要求していること等であって、孰れも皆、遠距離渡洋作戦の準備たるや明かである。要するに戦時の政策は平時の政策の延長に外ならない。殊に明日の戦争を予期して計画せる米国海軍は最も率直にその政策に於て、戦時の準備行動を指示しているのであって、太平洋進攻作戦を目標として、諸種の規範を制定したのである。即ち米海軍は倫敦条約により多年の宿望を机上に遂げ、此の国際条約に依って、他国の自主的建設を制限し、数字の苦杯を経験せる自国海軍力充実の前途に横たわる暗雲を一掃したこととなり、今や一意条約限度の造艦を目標として、堂々其の歩武を進めつつあるのである」（143ページ）

ここも米海軍が日本侵攻を前提として諸種の準備を整えていると分析しており、米国の脅威を強調する部分ではある。

もっとも、史篇でも述べられている通り、本書は米国が即座に日本に攻めてくると主張しているわけではなく、あくまでも米国の「仮想敵としての日本」への対処をここで述べているに過ぎない。

また、ここに示されている認識が、その後の日本海軍の「渡洋してくる米艦隊を漸減して、最終的に艦隊決戦で迎え撃つ」という漸減作戦の下敷きとなったのは周知の通りである。

二 米国海軍政策と新艦隊編成

一九三一年六月に発表された「米国新海軍政策」を紹介し、米国の海軍政策と艦隊の編成について言及している。

ここで挙げられている「米国新海軍政策」の内容そのものは、ごく当然の堅実なものであるため細かい部分は割愛するが、興味深い点としては航空母艦について「適当な商船を迅速に之に改装すべき計画を準備すること」という一文がある。

太平洋戦争中に米海軍が大量の商船改造(または商船構造の)護衛空母を建造して航空機輸送や船団護衛、上陸作戦の支援任務に投入し、大きな実績を挙げたことは知られているが、それは何も大戦に突入してからいきなり可能になったのではなく、事前の長年にわたる研究と計画があってのことだということが分かるだろう。

無論、日本も米国と同じことを考え、大型高速商船(主に豪華客船)の建造に力を入れたのだが、結果として実用性の面で大差をつけられたのは明白である。

「米国新海軍政策」についての評価として、以下のように述べている。

「米国の戦時大動員主義（平時は必要なる基幹部隊施設等のみを備え、戦時急速動員に依り、所要の軍備を整う）は従来米国戦備の特徴であったが、欧州大戦参加の経験に鑑み、成るべく之を平時より充足管理するの方針を定め、戦後種々なる組織並に機関を設けて、之が研究実施に努め、将来の国民的戦争に備ふる所があった。今日に於ては、少なくとも其の概形を完成し、更に其の内容の完備に関して、着々其の歩を進めつつあるのである」（154ページ）

米国の戦備が平時は少数の戦力だけで、戦時の動員に重点を置くというこれまでの方針を改め、平時より戦力の充実を図っているとし、そのための方策として「陸軍との協調」「航空勢力の充実」を図っているとしている。

「されば新海軍政策中、『航空の発達を図り、且つ戦時利用の目的を以て民間航空を奨励す』とあるのも、其の雄大なる民間航空の軍用転換を期しつつあるのであって、現在一万余機を算する米国民間機は真に米国軍備に偉大なる潜勢力を與ふるものである」（154〜155ページ）

この通り民間航空が有事には米国にとって大きな航空戦力になることを紹介しているが、実際に第二次大戦においても、米国はその世界最大の民間航空搭乗員を軍用機の搭乗員へと転用することで、航空戦力の急速な拡大を可能としている。

対米戦の十年前の時点で、民間航空を基盤とした米国航空戦力の潜在戦力について、日本でもこの通り認識されていた事実は興味深い。

「更に艦隊の配備に関しては、太平、大西洋孰れの作戦にも応じ得るものとし、国際的情勢に応じ其の配備方面を決定すべきことを示しているのであるが、実際に於ては、太平洋方面に配備の重点を置き、特に倫敦会議後対英考慮の減ぜし結果、一層其の徹底を期し、既に艦隊の新編成を行い、勢力集中主義を実行し、戦艦潜水艦の大部並に機雷部隊全部を太平洋岸に常備することとなったのである」（156ページ）

繰り返し述べられている通り、米国の仮想敵が日本である以上、太平洋に海軍を重点配備することが日本海軍に対抗するためのものであることは間違いない。

戦艦や潜水艦は当然として、機雷部隊全部が太平洋に配置されたことを、日露戦争で二隻の戦艦を機雷で喪失した日本海軍が重大な脅威と認識したのは確かである。

太平洋戦争では大戦末期の日本本土に対する機雷封鎖などの印象が強く、また日本側の機雷が目立った戦果を挙げていないことから、日本海軍が機雷戦を軽視していたとする見方も多いが、実際には専門の掃海艇の整備にも力を入れており、また海防艦にも途中まで掃海装備を搭載していたことを見ると、日本海軍はむしろ機雷戦を重視していたといえる。

しかし、日本の場合は機雷の技術革新に後れをとり、磁気や音響、水圧に感応する機雷に対する備えが不十分であったために、重視した掃海設備は大戦中急速にその価値を失い、末期にはほとんどお手上げに近い状況になってしまったのだ。

三　米国海軍の現勢

この項では、ロンドン条約以後の米海軍の勢力について言及している。

「然るに米国はこの条約に依て、大体次の如き効果を挙げ得たのである。

戦艦　米国は一九三六年以前には一隻も新戦艦を建造せず、フロリダは除籍され、ユターは無線操縦の標的艦となり、ワイオミングは武装解除の上練習艦となる筈である。

（注・この結果、米海軍が保有する戦艦は十五隻となる）

巡洋艦　条約は米国巡洋艦の噸数を二一万七千噸増加する事を認めた。即ち米国巡洋艦の噸数は一九二九年末の三倍以上になる訳である。此の総噸数三二万三千五百噸中、十八万噸は八吋砲型の艦に利用し得るが、残りの十四万三千五百噸は六吋或いは其の以下の備砲を有する艦に限られている。

八吋砲艦は全部で十八隻を許されているが、此の中十五隻だけが一九三五年以前に竣工することとなり、残り三隻は一九三三、一九三四、一九三五年に順次一隻づつ起工されることになっている。又米国は八吋砲艦の数を十五隻に限定し、六吋砲艦の総噸数を十八万九千噸に引き上げる途も選べる事になっている。加之条約に依れば、或種の艦の間に一割迄は噸数を振替える事が許されている、例えば六吋巡洋艦と駆逐艦との間に於ける如き是である。

航空母艦　華府協定によって割り振られた航空母艦の総噸数（注・一三万一千トン）には、依然として変化はない。併し五国は協定により如何なる水上艦艇も、それが特別に且つ専ら航空機を運ぶ目的で設計され、又航空機が艦上より出発し得、搭載され得る様に建造されたるものは其の排水量の如何に拘らず、将来に於ては航空母艦の範疇に含まれる事とした。又武装せる砲の口径は六・一吋を越ゆるを得ぬ。

但し巡洋艦種に於ける割当合計噸数の二割六分を超えざるものには、航空機着艦用の台、又は甲板を装備することができる。

駆逐艦　条約に依れば、老朽駆逐艦の大多数が廃棄を強いられ、現有噸数約三十万噸の半数十五万噸が減ぜられる事となった。新艦の基準排水量は千八百五十トンを超ゆるを許されぬ。他面総噸数の一割六分以内のものは一、五〇〇噸を越ゆることを許されている。

潜水艦　潜水艦に於ても、米国は旧艦の多数の廃棄を要求されている。斯くて同国現有の総噸数八万噸は条約で割り当てられた五万二千七百噸に引き下げられる事になる。

五国は将来如何なる潜水艦と雖も二千噸を超ゆるを得ず、且つ口径五・一吋を越ゆる砲を搭載すべからずと協定したのであるが、各国只三隻の潜水艦を限り、排水量二千八百噸以下にして口径六・一吋を超えざる砲を以て武装する場合には之を保有し得る。即ち之に依りて、米国潜水艦V四、V五、及びV六（各二千七百噸、六吋砲二門）の保有が許されるのである」（157〜158ページ）

ロンドン条約において米海軍は、事実上世界一の海軍国の座を獲得したが、条約調印時においては、巡洋艦や空母のように条約の保有制限枠にまだ至らない艦種も有れば、駆逐艦や潜水艦のように多数の廃棄を余儀なくされたものもあったことが分かる。

この条約の制限の元で、米海軍は艦艇の建造並びに近代化改装に取り組んでいることを説明し、特に海軍の主力である戦艦の近代化についてはかなり関心も高く、艦船の改造についての記述はすべて戦艦についてのものである。

「戦艦新式化——米海軍は既に総額四、二二三、〇〇〇弗を以て、戦艦十隻の新式化改装を終わり、目下約三〇、〇〇〇、〇〇〇弗を以て、ニュー、メキシコ、ミシシッピィ及びアイダホの三隻を改装中で一九三四年二月全部完了の予定である。即ち三隻の改良が終了すると、米国は倫敦条約に依る保有戦艦十五隻中、十隻の新式化を完了する訳である。

未だ改装の提案なきテンネッシー以下戦艦五隻に関しても、総額四〇、〇〇〇、〇〇〇弗を以て改装を行うべしと伝えられるが、未だ確定されていないようで、最近海軍卿の言明に依れば、此等五隻はジュットランド海戦以後に設計されたのであるから、甲板防御の増加以外、改装の要なしとして居る。

米戦艦改装中、特に注意すべきものは、新汽罐及び新式燃油装置の設備に依り、大航続距離を保持せしめ、遠距離作戦に資せしめたこと、水平水中防御を増加して、之を不沈没艦たらしめんとすること、又ネバダ、オクラホマ以後の各戦艦に対しては、孰れも大砲仰角を増加して、大遠距離射撃に適合せしめたこと等である」（160～162ページ）

航続力の増大は繰り返し言及されている通り、広大な太平洋を渡って日本本土を攻撃するためのものである。また第一次大戦の戦訓に基づいた水平水中防御の強化、そして主砲仰角の増大による射程距離の増大は米国だけでなく、日本や英国も同様に当時の各国が行なっていた戦艦近代化の定法であった。

現在では十年や二十年にわたって海軍の主力として活動している戦闘艦は珍しくも何ともないが、ワシントン条約が結ばれるまで主要な海軍国において戦艦が十年以上も第一線でいられることはほとんどなかった（事実、ワシントン条約では竣工後十年程度の戦艦ですら「旧式艦」として廃棄されているほどである）。

軍縮条約という枠がはめられたために、結果としてそれまでに例を見ない大規模な改装による艦の寿命の延長が行なわれることになったわけで、どこの国も他国の行なった改装について多大な関心を持っていたのは間違いない。本書でもこれ以降にも多くの紙面を割いて米戦艦の改装について分析を加えている。

四　条約上の保有量とその後の補充計画

軍縮条約で定められた保有量についての説明と、同時期の米議会に提出された建造計画について説明がなされている。

「一九三〇年倫敦海軍条約締結後に於ける米海軍の補充計画は華府倫敦両条約に依り、国際的に承認せられた保有量の優越を速に実現することにあるのは言を俟たない。されば倫敦会議直後、下院海軍委員長ブリトン氏の所謂十ヶ年計画十億弗案が議会に提出されたが、時期尚早なりし為か、世論は一向之に気乗りせず、同案は空しく撤回さるることとなった」（165ページ）

この文以降、本書の出版前年の一九三一年に米議会に提出された米国の条約限度の保有量を満たすべく策定された建造計画について言及しているが、当時は世界恐慌のただ中でもあり、議会を通過しなかった。

しかし、海軍費節約発表に対する反発に加え、満州事変の勃発により米国の「大海軍派」が大造艦の必要を宣伝していたことに言及し、そして本書の執筆中の米国第七十二回議会に提出・審議されていた各種の造艦計画案とその審議についても説明している。

当然ながらこれらの計画は、その後の長期的な米海軍の動向を占う重要な情報であり、かなりの注意が払われており、当時の米海軍の建艦方針についての参考として、作戦部長ブラット大将の意見が紹介されている。

「六ヶ年に条約上の海軍を急速建造せんとするが如き計画は思慮ある海軍士官の決して賛成せざる所である。斯の如きは徒に建造を輻輳せしめ、一時に多数の艦齢超過艦を出し、決して海軍の能率を維持する所以ではない。余は先ず保持せんとする艦隊勢力を決定し、然る後秩序的漸進的に建造充実を計り、毎年数隻の代艦を建造し、常に多数の新式艦を保持し得る如き計画を用いんことを願う。例えば駆逐艦に於て、条約保有量は一五〇、〇〇〇噸なれば、一隻一、五〇〇噸として一〇〇隻、艦齢一六年として各艦は一六年毎に代艦を要する。故に常に艦齢内のものを最大限に保有せんとすれば、毎年六隻又は七隻を秩序的に建造すれば可い。斯の如き方法を各艦種に適用せば、現在米海軍が某艦種に見る如き多数の艦齢超過艦を保持するというような結果から免れ、常に秩序ある計画を継続し、比較的多数の新鋭艦を保持し、且つ最小の経費を以て、艦隊を維持し得ることとなる。我が駆逐艦を斯の如き計画に建直す為には、約十五年を要するも、総体的には、一層有効なる海軍の建設となる。云々」(170～171ページ)

この意見自体はごく真っ当なものだが、当時の米海軍も近い将来に戦争の差し迫った危機があるとは認識していなかったことを物語っている。

五　艦船、兵器等進歩の状況

ここでは当時の米海軍の艦船、兵器の進歩について論じている。艦船については何度も繰り返し言及された、戦艦の航続力の増大を筆頭とした近代化改装への関心が高いのは当然だが、それ以外で特に目を引くのは航空巡洋艦についての記述である。

「(D) 提案中の航空巡洋艦の要目

基準排水量　一〇、〇〇〇噸

備　砲　六吋三連装三基、五吋高角砲八門

搭載機数　常用二四機、予備一二機

但し予備機は陸上に置く。

計画速力　三三節」(173ページ)

先述したようにロンドン条約では巡洋艦に飛行甲板を設けることが認められており、この航空巡洋艦もその枠内で計画されたものである。

米海軍では本書の執筆後の一九三五年にCF(Cはクルーザー、Fはフライトデッキの頭文字)という艦種を制定するなど、航空巡洋艦という艦種にはかなり関心を持っており、これ以降も航空巡洋艦は幾度も提案され、条約切れの一九四〇年には排水量一万二千二百トンで六インチ砲三連装三基、搭載機三十六機の航空巡洋艦が計画された。

しかし、これらはいずれも計画段階から先に進むことはなく、航空巡洋艦は建造されることはなかった。

日本でも空母蒼龍の原案では主砲を装備することが計画されたものの、結局はそのような大口径砲の装備は行なわれず、純粋な航空母艦となっている。

もともと矛盾する要素である大口径砲の搭載と航空機運用を、一つの艦に両立させること自体が極めて困難であり、米国が関心を示しつつも結局、航空巡洋艦を建造しなかったのは賢明な判断であった。

なお件の航空巡洋艦だが、本当にこの要目を一万トンの枠に収めることが可能だったとは思えない。

現実にこの計画が実行に移されたとすれば、相当無理な設計を余儀なくされた上、排水量の大幅な増加をはじめ多くの問題を抱えたのではなかろうか。

友鶴（ともづる）事件、第四艦隊事件に象徴される軍縮条約下の日本と同様に、米国も同時期に装備を詰め込んだ無理のある艦艇を建造し、後に復元性能の不足が問題化したが、この航空巡洋艦はその象徴的な存在といえる。

さらに本書出版の二、三年前に竣工したペンサコラ級重巡の要目も記載されているが、主砲や高角砲等の主要な部分はもちろんのこと、主機械やその馬力、航続力、そして各部の装甲厚まで記載されている。

また、本書の執筆と前後して竣工したノーザンプトン級やポートランド級、そして建造・計画中だったニューオーリンズ級にも言及してあり、この時期は米海軍の艦艇の性能について、かなり細かいところまで公表され、日本でも広く知られていたことがうかがえる。

また戦闘艦以外では、旧式駆逐艦を改造した無線操縦の標的艦についての記載が目立つ。

「(H) 無線操縦標的艦
飛行機の機銃射撃及び演習爆弾投下並に艦船の五吋演習弾射撃目標艦として昨年初廃棄駆逐艦ストッダートを無線操縦艦に改造したが、其の成績良好なりしに鑑み、廃棄戦艦ユターの外、廃棄駆逐艦ヘーズルウッド、シンクレヤ、スロート、マーカス、キッテー及びロッグスを無線操縦標的艦に改造することとなった。
ストッダートの無線操縦試験成績は次の通りである。
(1) 速力六節より漸次増進し、最大二五節に至る。
(2) 更新は全く直進し得たると共に任意転舵を行い、又一八〇度の変針をも容易に行い得た。
(3) 探照灯を自由に点滅し、且つ之を任意の方向に向け得た。
(4) 汽角も自由に鳴らし得た。
(5) 操縦無線の発信はストッダートより最大三浬を隔つる駆逐艦ペリー上に備えた押

釦に依った。
因に今回の実験は無線の発信は最大三浬を隔つる駆逐艦ペリーより行ったのであるが、将来発信設備を改善すれば、遥かに大なる距離から発信操縦することが可能であると云うことである」（177〜178ページ）

日本でも米海軍に遅れること数年の昭和十二年（一九三七年）に、ワシントン条約で廃棄され、予備艦とされていた元戦艦摂津（せっつ）をストッダートと同様の無線操縦の標的艦に改造しているが、ここで試験の成績まで記載しているところをみると、無線操縦標的艦が当時はかなり注目を浴びていたことが分かる。

恐らくは将来的には標的艦に止まらず、無線操縦の無人戦闘艦が生まれる可能性を考えたのだろうと思われる。

また艦船以外の兵器では、航空機についてかなりの関心が払われている。

「(B) 無線操縦自動飛行機及びオートジャイロ

米国海軍が航空兵力の充実及び其の進歩発達に関し多大の努力をなしつつある実情は既に各方面よりの情報により明らかなる所であるが、下記事項は特に注目の価値あるものと認める。

（一）無線操縦自動飛行機――自動操縦装置、霧中飛行法、無線着陸法（上記孰れも人

員搭乗）に関する研究は最近顕著なる発達を遂げ、搭乗者は計器及び機械のみに依頼して、飛行及び発着可能になるに至った。一方魚雷の無線操縦に関しては、正式に研究委員を任命して実験を進めつつあり。前記自動操縦飛行機の完成と相俟って、之を飛行機にも応用することにより、無線操縦を以て敵艦に命中せしめんとする方法を極力研究中であるが、爆薬を携行する自動飛行機（搭乗者なし）も同様研究中である」（178ページ）

これより十年後の第二次大戦でも、無線操縦の自動飛行機は兵器として実用化の域には達していなかったとはいえ、現在では米軍が偵察用の無人飛行機を有し、各地の紛争で使用していることは広く知られている。

両者に直接の繋がりがあるかどうかは不明だが、ここで触れられているものを含めた数々の研究の積み重ねが実を結んだのは確かだろう。

また同様に、「爆薬を携行する自動飛行機」が後のミサイルへと繋がったであろうことは想像にかたくない。

なお、日本でも無線操縦飛行機の研究は行なわれたのだが、事故で実験機を喪失して研究は早々に打ち切られてしまい、それが後々に特攻の悲劇へと繋がる一つの遠因となるのである。

「(二) オートジャイロ（Autogyro）——本機が極めて狭小なる面積に着発可能である。

って、且つ空中における或る程度の停留（上下運動に若干の前進運動のみにて）をなし得る特性を有するを以て、航空母艦以外の艦船にも着発し得る可能性があり、尚お弾着観測及び対潜水艦警戒等に使用して独特の利点を発揮するのである」（179ページ）

第二次大戦では日本でも陸軍がオートジャイロのカ号観測機を開発・生産し、実戦投入したが、大戦全体として見ればオートジャイロの存在は取るに足らない小さなものであったことは確かであろう。

しかし、オートジャイロの発展型であるヘリコプターが、現代では各種の任務に幅広く使用され、戦車や戦闘機などとともに軍における花形であることは周知の事実である。

こうしてみると、現在の軍隊の雛形とでもいうべき存在が、既にこの時期に姿を見せつつあったことがうかがえる。

六　推進機関進歩の状況

題の通り、軍艦の推進機関進歩の状況について言及しているが、この部分は実に三十八ページにも上っており、本書全体の一割を占めている。

これは米国海軍艦艇の機関部について、著者が極めて大きな関心を寄せていたことを物語っており、繰り返し言及されている通り、米艦隊が太平洋を渡って日本に押し寄せてくる場合に最も重要な軍艦の機関部について、日本国内でも注目されていたことが分かる。

ここでは、まず十九世紀後半からの米海軍における機関の発展について説明している。その中で興味深いのは、二十世紀初頭に米海軍がそれまでの機関の主流であったレシプロ機関（往復動機械）と、当時の最新技術であったタービン機関について比較試験を行なった結果である。

〈各速力に対する毎時毎馬力主機蒸気消費量（ポンド）〉（カッコ内は主機用総蒸気消費量）

速力	一〇節	一五節	二〇節	二四節	二四・五節
バーミングハム（往復動）	二二・八二（二一、〇〇〇）	二一・六（五〇、四〇〇）	一七・〇六（一一三、〇〇〇）	一八・二六（二四七、〇〇〇）	—
セーレム（カーチス）	三〇・七（二九、〇〇〇）	二三・〇（六六、七〇〇）	一六・八（一二七、三〇〇）	一六・五〇（二三八、〇〇〇）	一四・七五（二六一、八〇〇）
チェスター（パーソンズ）	三〇・三（二四、二五〇）	一九・七二（五六、二〇〇）	一六・二七（一一八、〇〇〇）	一五・〇三（二一八、〇〇〇）	一三・三四（二四四、〇〇〇）

〈毎時毎馬力石炭消費量（ポンド）〉（カッコ内は総蒸気消費量）

速力	一二節	一九節	全速力
デラウェアー（往復動機械）	二・九（八三、四六三）	一・九五（二四三、八一〇）	二・〇五（四四二、九三一）
ノース・ダコタ（カーチス・タービン）	二・六四（一〇一、八八三）	一・六三（二八一、七八〇）	一・七一（四四五、九七九）

（183、184ページ）

こういった数字を見ると、まだ当時はタービンが発展途上であったため、逆に長年にわたって経験の蓄積のあったレシプロ機関に劣る点があったことがうかがえる。

なお、日本でも主力艦へのタービン初採用は一九〇九年竣工の装甲巡洋艦伊吹であり、これは米国に遅れること一年、もっとも先んじていた英国とでも三年の差であり、決して大きく後れをとっていた訳ではない。

加えて日本の場合、一九一一年竣工の戦艦安芸以降、すべての主力艦がタービン機関であり、逆に世界各国で既に新造戦艦へのタービン機関採用がほぼ常識化していた一九一一年の計画艦で、一九一六年に竣工した戦艦オクラホマまでレシプロ機関を採用していた米国は、少なくともこの面において、良くいえば堅実で実績重視、悪くいえば後進的で過剰に保守的だったといえる。

これは、実績面でレシプロ機関がタービンにひけをとらなかったことや、米海軍が基本的に自国より遠く離れた地域での活動を重視した結果、信頼性を第一に考えて経験の豊富な機関を採用した結果だろうと思われる。

しかし、米海軍でもレシプロ機関がタービン機関を凌駕していたのはごく一時期だけであり（本書でも「其の末期の花」と評している）、オクラホマの同型艦でタービン機関を採用したネヴァダや、次年度計画で同じ一九一六年に竣工したペンシルバニアでは既にオクラホマのレシプロ機関を効率で上回っていた。（左表はオクラホマの重油消費量を一〇〇として比較したもの）

速力	一〇節	一五節	一九節	二〇・五節
オクラホマ（二七、五〇〇噸往復式）	一〇〇	一〇〇	一〇〇	一〇〇
ネヴァダ（二七、五〇〇噸二軸カーチス）	八八・九	八八・六	九九・八	一〇一・六
ペンシルヴァニア（三一、四〇〇噸四軸カーチス）	九一・五	一〇三・六	一〇一・四	一〇一・六

（186ページ）

レシプロ機関からタービン機関への転換はゆっくりとした米国であったが、一転して一九一四年計画の主力艦ニューメキシコでは、主力艦において世界に前例のない電気推進を採用し、これ以降軍縮時代が終わるまで、すべての主力艦が電気推進となった。

この結果、本書執筆時の米海軍は、主力艦にレシプロ、タービン、電気推進という三種類の異なる機関が搭載されることとなり、タービン一本槍だった同時期の他国の主力艦とは著しい対比を示しており、海軍休日期における米海軍の大きな特徴となっていた。（厳密には電気推進機関もタービンの動力により発電した電気でモーターを動かし、スクリューを回しているため広義のタービン機関に含まれる。本書でいう「タービン機関」とはタービンの回転を、減速歯車を介してスクリューに伝えるギアードタービンのことである）

なお、日本海軍でも電気推進について検討されたことがあり、試算では最大速力が一～二ノット低下し、航続力が一～二割延びるとされたが、速度の低下と技術的な経験の不足から採用は見送られた経緯がある。

これらの点を考えると当時の米海軍は一面において間違いなく保守的であったが、同時に革新的で前例のない技術をためらわず採用するという正反対の面を見せており、これは本書の「総論」で述べられていた「米国の国民性」における「進歩的かつ保守的」と重なるところである。

さらに、米国における機関関係の技術についてかなり詳しく説明しているが、当時の米海軍が高速ディーゼル機関によるディーゼル電気推進に大きな関心を寄せていた点については興味深い。

「然るに米海軍では、水上艦に対して多少重量増加を犠牲としても、高速ディーゼル機関を以てするディーゼル電気推進に進まんとする期待を有している。故に海軍は先に海軍に於けるディーゼル機関の発達を期する為、実験目的に必要と認むる計画を立て、機関其の他の総額三百万弗以内で適宜の方法に依り購入（中五十万弗以内は外国よりの購入費に充てる）し得る要求を議会に提出した。本案は海軍委員会の承認する所となったが、未だ議会の協賛を経ていない。本年も其の協賛を求むるであろう、蓋しディーゼル機関の燃料消費の少なきこと、従って航続距離の増加及び機関の防御が有効に達成されること、且つ排出瓦斯の処理上汽罐の煙突に比し簡単なる点が軍艦航空力の増加に利あることなど、米海軍が見逃し難い点であるに相違ない。前述の実験費通過の暁、計画中の航空巡洋艦機関の一部を独逸より購入するとの説もある」（190ページ）

ここで示されている米海軍の期待と裏腹に、第二次大戦に参戦した米海軍の大型水上艦艇でディーゼル機関が採用された艦はなく、またディーゼル電気推進の水上艦になると、カノン級護衛駆逐艦などごく一部だけに止まっている。

だがその代わり、ディーゼル電気推進は米海軍の第二次大戦における主力潜水艦ガトー級を中心として米潜水艦の機関として重要な働きをなしている。

この潜水艦への採用が、こういった水上艦用機関として行なわれた研究の成果をふまえたものであることに疑いの余地はあるまい。

「米国では溶接の技術が進歩している。一九一七年米国が大戦に加わるや、当時米国各港に在った多数の独逸汽船は其の収容前大規模に、其の乗員の手で機関が破壊されていた。初めは修理の見込が立たなかったが、遂に紐育海軍工廠技術者指導の下に、大破せる汽缶など船内にて、電気溶接を以て立派に修復するに至った。其の修理船百余の多数に及び、米国陸軍輸送に大なる貢献をなした」（190ページ）

本書執筆のほぼ同時期、軍縮条約下にある日本海軍も重量軽減のために艦艇に電気溶接を採用したものの、船体の強度不足を招き、結果としては失敗に終わっている。

この文だけで単純な比較はできないが、やはり溶接の分野でも日本が大幅に劣っていたのは確かであろう。

米海軍の電気推進については、新たに一つの項を割いて紹介しているが、ここで米海軍初の空母として名高いラングレーの前身である給炭船ジュピターは、同じく初めての電気推進艦であったことに言及している。

このジュピターの電気推進の実績が良好だったことから、前述の通り一九一四年に計画された戦艦の三隻の内ニューメキシコに電気推進を採用し、それがタービン機関採用の同型艦より燃料消費量の大きな減少が見られたことから、主力艦の機関に全面採用となったのだ。

〈給炭船ジュピターの運転成績〉（カッコ内は保証量）

	速力（節）	排水量（噸）	馬力	毎時毎馬力蒸氣消費量（听）	毎時毎馬力石炭消費量（听）
全力四八時間繼續	一四・九九	一九、四五二	七、一五一・九	一一・六八（一三）	一・六六二
一〇節二八時間繼續	一〇・〇一	一九、三五〇	二、〇一五・四	一二・三一（一五）	二・五〇五

（191ページ）

〈戦艦ニュー・メキシコの燃料消費量の減少〉（同型アイダホ、ミシシッピーとの比較）

速力	一〇節	一三節	一六節	一九節	全速
燃料節約割合（百分比）	一六・七	二九・九	三二・三	二八・六	二四・四

（192ページ）

さらに、米海軍が電気推進を採用した理由についても分析を述べている。

それによると「航続力の増大」「水中防御力の増加」「機関配置の自由」「後進力の増大と

後進タービンの不用」「機関操縦の容易」「推進軸、蒸気管、給水管が短い」「艦内温度の上昇が少ない」「騒音と振動が少ない」「信頼性と維持費においては歯車推進と優劣はつけられない」「重量、容積、価格は大きい」「全力では燃料が不経済」といった要因を挙げ、以下のように結論が示されている。

「斯の如く重量、容積、価格等を犠牲としても、米海軍が主力艦に電気推進を採用したのは、航続距離と水中防御を重要視したからであって、防御を重んぜず、重量を重んずる巡洋艦駆逐艦には是を採用していない。又華府条約の基準排水量には、燃料と予備給水を含まざる関係上、巡航燃料経済を第二義的必要条件とし、電気推進に伴う機関重量の増加を避けることを第一義的条件としたるに帰因すると観て差支えなかろう」（195ページ）

実際に米国では、これ以降も巡洋艦、駆逐艦には電気推進は採用されず、また戦艦や空母においても軍縮条約明けの艦はほとんどがタービン機関を採用しており（一部の護衛空母はディーゼル機関）、電気推進が採用された艦はない。

本書でも、この文の後にニューメキシコが近代化改装により電気推進からタービン機関へと改められた点について言及しているが、同時期の米海軍主力艦の特徴であった籠マストが後にほぼ全廃されてしまったのと同じように、電気推進には確かに利点はあったにせよ、総合的に見てアイデア倒れだった感は否めない。

なお第二次大戦中の米海軍では、タービン減速歯車の生産が追いつかなかったのと、船団護衛任務においては後進性が重要な関係上、護衛駆逐艦が主に電気推進を採用しており、この記事の十年あまり後には、むしろ低コストな艦が電気推進になったのは皮肉である。

「華府倫敦両会議により、軍艦の基準噸数が制限された結果、制限内にて最も効率の高い軍艦を建造せんとするのは当然のことで、殊に推進機關に於て然りである。米海軍に於ける各種軍艦推進機關の平均重量と軸馬力とを比較して見ると、

	機關種類	完成年	軸馬力	機關重量（噸）	機關重量一噸に對する馬力
戰艦（テキサス級）	往復機關	一九一四	二八、三七三	二、二七一	一二・五
戰艦（アイダホ級）	タービン直結	一九一九	三三、一〇〇	二、七〇三	一二・三
戰艦（テネシー）	電氣推進	一九二〇	二九、六〇九	二、〇四五	一四・五
七、〇五〇噸巡洋艦オマハ	齒車推進	一九三〇	九四、九二〇	一、七二二	五五・〇
一〇、〇〇〇噸巡洋艦ソルト・レーキ・シチー	齒車推進	一九三〇	一〇七、〇〇〇	（計畫）二、一六一	五〇・〇
一、二五〇噸驅逐艦	同	一九一九	二八、〇〇〇	四五〇	六二・〇
航空母艦（レキシントン級）	電氣推進	一九二八	一八〇、〇〇〇	七、五〇〇	二四・〇

この表を見ても、華府会議前は機関の重量と大さが十分で在れば、必然堅牢で信頼性

に富むものと考えられていた様で、重量切詰に努力の足りなかったことは否定できず、
殊に補助機械に於て然りであった」（196ページ）

この文では「機関部の重量切詰の努力が足りなかった」としているが、同時期の日本でも大正五年（一九一六年）計画の長門級戦艦では二十一個の缶で八万馬力の出力を発揮していたが、その次の年の計画である土佐級戦艦では十二個の缶で九万一千馬力を出すことが可能になっている。

こういった事例を考えると、むしろこれは当時の急速な機関の技術進歩により、機関重量あたりの馬力が飛躍的に向上し、その結果として大幅な軽量化が可能になったと見るべきではないだろうか。

この文以降、米海軍の主力艦から駆逐艦までの推進機関を中心とした詳細な説明が続く。詳しい内容は割愛するが、機関出力から蒸気圧まで内容は非常に細かいもので資料的価値は非常に高いと思われる。

そして興味深いことに、この「機関進歩の状況」の項の最後は「米国の新造船」、すなわち商船についての記事なのだ。

これは第一次大戦において米国で商船が不足し、そのために行なった大量生産において機関製造に手を焼いた教訓から、戦時に海軍の要求する要件に適合する船舶の建造を優遇して

いたことから、一般の商船も海軍力の一環と見なしたからである。
なお、同様のことは日本でも行なっており、少なくとも戦時における船舶の確保、および相手国の船舶事情について日米両国共に戦前から高い関心を寄せていたのは間違いない。

七　米国海軍の航空

ここでも最初はこれまでの項と同様に、まず米国における航空機の軍事利用の歴史について説明した上で、当時の最新情報について言及している。

「空軍独立問題
一九一四年時の陸軍航空部次長ミッチェル少将は盛んに空軍万能或は戦艦廃止論を高唱して、世人の注意を促し、極端なる航空統一の声を大にし、世人亦之に応じて、一時喧々囂々たるものがあったが、此の時米国海軍は先に任命せる本問題に関する特別調査委員会の報告を発表し、航空統一の不可能なることを明示した。その論旨とする所は、要するに近代航空機の兵術的価値は極めて重大であるが、海軍としては、航空機は密接不離の一要素であって、之を切り離すことはできない。空軍の独立の如きは、海軍の任務遂行を阻害するもので、航空省を設けるとしても、海軍省との協調は困難である。又国防省の如きも、国防上の見地よりするときは、大した効果もないものであるというにある」（220ページ）

この時期、イギリスやフランス、イタリアなど欧州諸国は急速な発展を続けていた航空機の重要性の増大から、相次いでそれまで陸海軍の指揮下にあった航空部隊を独立させて空軍を創設しており、その点だけを見ると第二次大戦でも独立空軍を持たなかった日米両国は立ち後れていたといえるかも知れない。

しかし、第二次大戦時に限っていえば、日米両国が欧州にならって空軍を独立させなかったのは正解であった。

日米双方ともに、特に海上作戦では水上部隊と航空機の密接な連携を必要としたが、この時期に空軍を独立させた国はセクショナリズムから海軍と空軍の連携があまりうまくいかず、また空軍司令部が直接作戦指揮を行ない難い、空母艦載機の存在そのものが何かと空軍に煙たがられた事情もあって、第二次大戦では大きな問題を引き起こしている。

実に皮肉なことに、航空機の発展に伴って創設された独立空軍そのものが、発展中であったが故に模索中であった「他兵種と航空戦力との連携」に枠をはめてしまい、非効率的な運用を強いられる結果となってしまったのだ。

続いて、米海軍における航空機の拡張計画及び航空母艦について言及している。

この時期は米海軍で初めて、最初から空母として建造された艦であるレンジャーの建造中ではあったが、本書では現在一般的には「航空母艦」に含めない飛行艇母艦、並びに掃海艦や給油艦に応急的に航空設備を施しただけの艦もこのカテゴリーに含めており、軍縮条約で

定義されたとはいえ、当時はまだ「航空母艦」という艦の枠組みが、いまだ曖昧模糊として
いたことをうかがわせる。

「倫敦会議により航空母艦の定義を改められ、飛行機発着甲板を有するものは凡て航空母艦とすることとなった。その如
何を問わず、飛行機発着甲板を有するものは凡て航空母艦とすることとなった。その結
果航空母艦の数は減ずることとなったが、其の代り厄介な航空巡洋艦というようなもの
が現れ、巡洋艦保有総噸数の二五パーセントまで、飛行甲板を有するものを造り得るこ
ととなったが、該艦は名こそ巡洋艦なれ、その構造の計画は全く航空母艦と同じ。搭載
機数三六の大部分は軽爆撃機であるというから、将来大に刮目を要するものであろう」
（224ページ）

ここでは、航空巡洋艦が非常に脅威視されていることがうかがえる。

確かに現在の書籍でも「空母と戦艦・巡洋艦の力を併せ持った艦」である「航空戦艦・巡
洋艦」を高く評価するものが時折見かけられる。

しかし、実際には多数の航空機を運用する能力と砲戦力は矛盾する存在であり、日本の航
空戦艦伊勢（いせ）級、航空巡洋艦最上（もがみ）も実戦ではほとんど意味がなかった。

先述した通り、この後も米海軍では幾度か航空巡洋艦が計画に上ったものの建造には至っ
ていないが、その情報は当然、日本側でも把握していた。

もし、日本海軍の航空戦艦・巡洋艦への改装がこの米海軍の航空巡洋艦に影響されたものだったとすれば、幻想に振り回されたといわざるを得ない。

また米海軍航空隊についての解説だが、航空部隊は当然として、飛行船についてもかなり行を割いている。

第二次大戦で飛行船は、地中海など一部地域で対潜哨戒に使われた他はほとんど使用されなかったが、この時期はまだ重要な戦力として高い関心を持たれていたことがうかがえる。

そして航空工業では、当時の主要な航空会社についての紹介を行ない、米国の航空生産能力が膨大であることを述べており、さらに当時の米海軍が使用していた戦闘機、爆撃機など主要航空機の性能についても言及している。

加えて米海軍航空部隊の将来についての予想をしているが、当時は世界恐慌のただ中であり、米海軍も望む通りの拡張が行なえる状況ではなかったが、それでも将来的に米海軍が千機にも上る艦隊航空部隊の建設を望んでいるとして、以下の通りまとめている。

「……今後新艦建造とともに、所要飛行機も部分的増勢を見ることとなり、将来仮に完全に条約限度の充実を見るものとせば、その場合艦隊航空隊の航空兵力は大約千四百機に達し、之に陸上及び海兵航空隊を合すれば、裕に千八百機にも及ぶべく、之に精鋭の飛行船と新に出現の航空巡洋艦を以てするとき、米国海軍航空兵力の厖大なることは実に想像に余りあるものと言わねばならぬ」(235〜236ページ)

戦前の日本でもこの通り、米国の厖大な生産力に基づく米海軍の航空戦力が大きな脅威と認識されていたことは明白である。

なお、最後に陸軍航空と民間航空についても説明を加えているが、これも前述の「米国海軍政策と新艦隊編成」で言及された通り、当時既に一万機を超えていた民間航空の戦時利用や、陸軍や民間機の海軍航空部隊との協同作戦について警戒を見せている。

八　米国海軍根拠地及び太平洋方面に於ける通信網

この章では主に当時、米海軍が整備を進めていた海軍根拠地についての説明が大部分である。これも何度か言及されているが、当時の米海軍の最大の仮想敵国が日本であったことから、本書でも太平洋における米海軍根拠地についてのみ説明を行なっている。

中でも「パナマ運河地帯」「サンフランシスコ」「ピューゼット・サウンド」「真珠湾」については特に詳細である。そこで、太平洋戦争において最も著名な根拠地である真珠湾についての評価をここに掲げる。

「布哇は米国が太平洋作戦の中枢地点と自称する処である。特にオアフ島（ホノルル及び真珠港は此の島にある）は軍当局が全島を難攻不落の一大要塞化せんと揚言する処であって、目下島の南岸には新式堅固の要塞を完成し、他の三方面に対しても、凡そ敵軍上陸の虞ありと思考せられる処は、悉く大口径砲を以て要塞防御を行わんとする計画を進めて居り、移動軍としては陸軍正規兵一個師団を配置している。米国政府が本島領有以来、如何に鋭意本軍港の水陸設備に努力して来たかは、要塞費以外既に五千万弗（一九一七年以降太平洋方面属島、主として布哇、比律賓諸島に費せる要塞費総計約二千五百万弗）を費したに見ても知れるのである」（244〜245ページ）

現在でも一部で、「真珠湾攻撃時にオアフ島を攻略していれば」「真珠湾に対して艦砲射撃を行なっていれば」といった意見を見かけるが、太平洋戦争開戦の約十年前ですら、既にオアフ島が難攻不落の要塞だったのは、この通り周知の事実だったことを考えれば、それがいかに無謀なことか分かるだろう。

太平洋方面の通信網については「海底電信」と「無線通信連絡」に言及しているが、特に当時の米海軍が太平洋における無線通信網の整備に並々ならぬ努力を注いでいることを紹介している。

九　米国海軍の兵数及び航空人員

米海軍の兵員については当時の米海軍が、第一次大戦で急速養成した士官が残っていたために進級が遅く、不満の声が高まっていたことから士官の階級比率を変更した点について述べている他、当時の厳しい財政事情から下士官の数を減らしたにもかかわらず艦船、工廠、練習所などは減少しておらず、合理化に尽力していることを説明している。
また艦隊航空隊の整備に重点を置いていることから、航空人事にも大きな注意を払っている点についても解説を加えている。

一〇　米国陸軍兵力

ここでは、米海軍政策でも陸海軍の協同作戦が強調され、陸海空の合同演習が頻繁に行なわれていること、また何より陸軍の海外派遣部隊は常に海軍と協同する必要があることから、米陸軍についての説明も必要であるとしている。

内容は米陸軍の組織についての簡単な紹介や、戦時における動員体制について言及した後、装備の説明については毒ガスなど化学兵器対策に重点を置いている。

第二次大戦では化学兵器が、たがいに報復を恐れてほとんど使用されなかったことから、いまでは忘れられがちであるが、当時は第一次大戦において大々的に毒ガスが使用された経験から、一般人の間でも非常に毒ガスについて関心が高かったことがうかがえる（〝日米未来戦記〟でも毒ガスが使用される話は多い）。

また米海軍と同様、陸軍の航空兵力についての解説にも力を入れている。

一一　米国商船隊

当時、世界第二位の地位を占めていた米国商船隊ついての説明である。本書執筆時、米国では戦時における商船徴用について議会で議論されており、その海軍との関わりについては、以下のように述べている。

「併し多年に亘り米国海軍が渡洋作戦に汲々として、研究を累ね居ることは争う可からざる事実であって、今や米国人は等しく戦争の勝敗は渡洋作戦を有効に実施し得るや否やに懸ること大なりと信ずるに至った」（259ページ）

そして、第一次大戦では準備不足のために苦い経験をした教訓から、自国商船の保護政策並びに戦時の商船利用について当時の米国が次々と手を打っていたことを説明した上で、第一次大戦以降、米国の海運が飛躍的な増大を続けていること、そして船齢やトン数別の隻数を示した上で、以下の結論を示している。

「以上を綜合して考えるとき、米国海運が如何に米国の戦備に貢献する所大なるかを知るを得べく、然も其の戦時統制の権限を予め大統領の権限内に収め置かんとする賢明さは、洵に推奨するに足ものと信ずる」（256ページ）

繰り返しになるが、戦前の日本でも米国の商船が、有事の際の軍事力と密接に関係していることが認識されていたのがうかがえる。

米國商船隊累年表 (262ページ)

年次	帆船		汽船		合計	
	船數	總噸數	船數	噸數	船數	總噸數
一九一四	一一、四五二	二、五〇一、一六二	一五、四九一	五、四二七、五二六	二六、九四三	七、九二八、六八八
一九二〇	九、三六九	二、五〇〇、九七五	一八、八一四	一三、八二三、四四九	二八、一八三	一六、三二四、九二四
一九二二	八、三九八	二、四八〇、八〇七	一八、九六〇	一五、八九二、一〇〇	二七、三五八	一八、四六二、九六七
一九二六	七、六五四	二、四六七、九二七	一八、六八九	一四、九七六、三九三	二六、三六七	一七、四〇五、九〇二
一九二八	七、一一五	二、三三六、三八二	一八、二七〇	一四、三四六、六七九	二五、三八五	一六、六八三、〇六一
一九三一	七、二三五	二、三八〇、二三七	一八、二三六	一三、五二八、〇一九	二五、四七一	一五、九〇八、二五六

戰前及び現在に於ける主要國汽船(機船を含む)比較表 (263ページ)

國別	一九一四年		一九三〇年		增減	
	總噸數(千噸)	世界全體に對する割合	總噸數(千噸)	世界全體に對する割合	總噸數(千噸)	一九一四年に對する割合
英本國	一八、八九二	四一・六%	二〇、三二二	二九・九%	(+)一、四三〇	七%
米國	四、二八七	九・四	一三、一〇四	一五・七	(+)八、八一七	二〇四
日本	一、七〇八	三・八	四、三一七	六・三	(+)二、六〇九	一五二
獨逸	五、一三五	一一・三	四、一九九	六・二	(−)九三六	(−)一八
諾威	一、九五七	四・三	三、六六二	五・四	(+)一、七〇六	八七

二　米国海軍予算

詳細は省くが世界恐慌の世相を反映して、米国も日本を含めた列国同様、海軍費の減額を余儀なくされていた。

だがその中でも艦艇の建造費が過去最大となり、また改造費も増大するなど、正面装備の充実に力を入れているのが分かるものとなっている。

米国の補給資源

この章は、米国の強大な国力について論じられている。現在ではときどき、「戦前の日本国民は米国の国力を知らなかった」または「政府が隠していた」といわれることがあるが、ここでの米国の国力分析は詳細かつ客観的なもので、その俗説が誤りであることが分かるだろう。

少なくとも戦前の日本でも、学識のある人間であれば「米国の国力を調べようと思えば可能であった」のは間違いない。

また、米国の海上貿易や補給線についても高い関心が寄せられている。

一　世界の最大戦闘資源国

「米国の資源は豊富である。然も軍需資源中の重要原料を最も多く産出し、又之を工業化する能力に於て、確かに世界の最大戦闘資源国家である。であるから、一旦緩急あるも、米国は軍需品には困らない。但し米国と雖も国内に生産しない原料もある。又生産原料中多少生産不足のものもある。併し太平洋戦なれば大西洋の方は安全であるから、これら原料の輸入には何等不便を感じないと云うのが一般の定評であろう」
「陸戦海戦を通じて所謂兵站線の保持は戦争を支配する戦略上の重大問題である。故に太平洋作戦の如き遠距離戦となると、早速必要なのは其の後方を連絡する輸送船舶である。之に対しては、米国たるもの素より用意周到なる出師準備計画のあるべき筈であり、敢て吾人の仮説を俟つ迄もないことであろう。現に最近の通報に依れば、米国は国家非常時に際し、海軍の身にて航洋船一千隻を徴備するの攻防計画を樹て、之を議会に提案せりと云う」(278ページ)

このように米国の資源が豊富であること、また戦時の準備にも抜かりがないことを章の冒頭部分で論じ、そして工業原料の生産額についての表を示している。

また戦時に輸入を必要とする軍需工業原料についても表を挙げているが、これについても以下の通り解説している。

「殊に太平洋航路の通商が止まっても、大西洋航路は安全であるから、物資の輸入には困らぬ。又彼の厖大なる海岸線を有する米国を、交戦国側から経済封鎖する如きことは何人と雖も夢にも思われぬことであるが、茲に本表を掲ぐるは、太平洋船での対手国側から観て、米国が如何なる材料を如何なる方面から輸入するかを知り、以て自説に述ぶる米国の海外貿易と太平洋戦に関し、読者の研究に資せんとするものである」（284ページ）

つまり輸入そのものを止めることは不可能であるとし、後述のように戦時に大量の船舶を徴傭することにより、自国商船だけでは必要量を賄えない点だけを問題としている。

さらに、米国の工業力についても概要を載せているが、一読して米国と日本との格差がハッキリと分かるものだ。

「米国各種工業の工場数は一九二五年の調査によれば、総計十八万七千四百工場あり、職工数八百三十五万人で、その生産額集計年額実に千二百五十億円を超え、日本の生産額七十億円に比すれば、約二十倍に近いのである。その中主なるものを挙ぐれば、

各種機械工業（電気機械を含む）　百　億　円
化学工業　百三十億円
鉄及鋼　百三十億円
織　物　百八十億円

米國の主要軍需工業原料生産表 單位（千噸）

	世界の産額	米國の産額又は加工生産額	米國對世界産額對比 %	備考
石炭	一、五二八、四一六	六〇八、九〇三	三五・九	一九二九年調
石油	二一二、六五八	一四三、七一四	六七・六	同右
銑鐵	九六、八八〇	四二、四〇〇	四三・八	同右
鋼	一一八、七八五	五六、〇九五	四七・二	同右
銅	一、九〇八、八四五	九三一、一〇三	四八・八	同右
亜鉛	一、四七〇、七六九	五七九、五六四	三九・四	同右
アルミニューム	二二四	八〇	三五・七	一九二八年調
ニッケル	四九	〇・五	〇・一	同右
棉花	五、五五〇	三、二三五	五八・三	一九二九年―一九三〇年調
護謨	八五七、七〇九	（加工）五二八、六〇二	六一・六	一九二九年調、國内に原料なきも加工生産額
硫酸アンモニヤ	三、八二八	七〇二	一八・三	一九二八年調推定
石灰窒素	一、二一五	一二三	一〇・一	同
硫黄	二、四四九	二、〇一四	八二・二	同
絹糸	六八、三六一	（加工）三九、六八九	五八・〇	一九二九年調國内に原料なきも加工額
鹽	二六、四〇〇	七、三二六	二八・〇	一九二八年調

注・護謨→ゴム、鹽→塩

（280～281ページ）

米國の戰時輸入を要する軍需工業原料表（單位噸）

品名	國內生產額	戰爭第一年に輸入を要する（推定）額	主なる輸入元	用途
滿俺（高級品）	（一九一八年）大正七年 三〇五、〇〇〇 （一九二三年）大正十二年 三二、〇〇〇	一、二〇〇、〇〇〇	ブラジル 印度	鋼の製造、砲熕材料、航空機材料等として高級鋼の製造上最高級の滿俺鐵を必要とする（米國には低級滿俺の大鑛床あれども高級滿俺は少し）
タングステン	（一九二三年）大正十二年 二五〇	一、二〇〇	支那 印度	高速度工具鋼の製造
錫	無	一〇〇、〇〇〇	海峽殖民地 ボリヴィア	糧食容器、軸承用裏金、鍍附用、靑銅
ニッケル	名目のみ	二五、〇〇〇	加奈陀	砲熕材料、機械火造部、軸材、モネルメタル用
黑鉛	五、〇〇〇乃至 一五、〇〇〇	三五、〇〇〇	印度 墨西哥 マダガスカル	潤滑用、坩堝用
硝酸曹達（智利硝石）	主として空中窒素固定法の生產量に依れり	一、五〇〇、〇〇〇	智利	爆發物、肥料
護謨	無	五〇〇、〇〇〇	海峽殖民地 英領及蘭領東印度 ビルマ ブラジル	自動車のタイヤー、隔緣材料、護謨製品機械、長短靴、瓦斯マスク、病院用需品
コルク	無	一二〇、〇〇〇	葡萄牙 西班牙	救命器具、遮熱材料
沃度	無	七〇〇	智利	藥用（醫療用、寫眞等に廣く用ふ）

マニラ麻、シサル麻、大麻等	無	三〇〇、〇〇〇	比律賓 墨西哥	綱具用、小索用
黄麻	無	五〇〇、〇〇〇	印度	麻布及び掌砲具嚢
羊毛（原毛）	無	一四〇、〇〇〇	濠洲 支那	被服、毛布等
絹	無	三五、〇〇〇	日本 支那	被服、火薬嚢、落下傘
シェラック	無	二〇、〇〇〇	印度	ワニス原料、電氣器具用
キニーネ	無	七、〇〇〇、〇〇〇オンス	東印度	薬用
コヽア	無	三〇〇、〇〇〇	英領西阿弗利加 ブラジル エクアドル	糧食
茶	名目のみ	八〇、〇〇〇	支那 日本 印度	糧食
砂糖	一、〇〇〇、〇〇〇	六、〇〇〇、〇〇〇	玖瑪 布哇 比律賓 ポルトリコ	糧食
珈琲	無	九〇〇、〇〇〇	ブラジル コロンビヤ ヴェネズエラ	糧食

（282〜283ページ）

注・満俺→マンガン、曹達→ソーダ、護謨→ゴム、沃度→ヨード
墨西哥→メキシコ、智利→チリ、葡萄牙（葡萄牙か?）→ポルトガル、西班牙→スペイン、玖瑪→キューバ

等で、いずれも日本に較べて十倍乃至二十倍せざるものは無いのであり、又機械工業中の電気機械類の如きは約三十億円なるに比し、日本は漸く一億五千万円程度に過ぎない」(284～285ページ)

上記に発電力や石炭、石油について米国の圧倒的な生産量についての説明を加えた上で「是れ即ち現実の自給自足力であり、又軍事能力の現れである」と説いている。

さらに、戦時産業動員計画により戦時利用計画のある工場は一万七千以上あり、一年間の造船力も三百五十万トンと第一次大戦時における日本の最高造船記録七十万トンの五倍に達するなど、具体的な数字を挙げて米国の強大な戦時生産力をも解説している。

確かに今でも、「昨年の化学工業の日米の生産額はどれだけか」と問われて即座に答えられる人間は一部に過ぎないだろうから、当時もそのような知識を持っていた人間が多数派だったとは思えないが、それでも学識ある人間であれば、日米の国力差は当然、把握されていたのは間違いない。

二　海上貿易と太平洋戦

ここでは当時の米国の船舶が、戦時の海上貿易および貨物の輸送を十分に果たせるかについて論じている。

第一次大戦前、米国の海外貿易は九割までが外国船であったが、大戦の勃発で英仏が多数の商船を徴発したため、米国内の埠頭に膨大な貨物が堆積して経済上の大打撃を被った教訓から、戦後の米国は自国貨物自国商船主義の政策を採ったが、それでも一九二九年の時点で外国船はまだ六割を占めていた。

このため米国が戦時に商船を徴発すれば、やはり海外貿易のほとんどに外国船を利用する必要が生じるとしている。

三　艦隊の航続力と補給線施設

もし日米戦となれば、米艦隊が太平洋を日本に向けて西進するのは自明であり、艦隊の行動の自由を確保するためには長大な航続力と、充実した補給設備が必要となるのは当然の帰結である。無論、本書でもその点についての関心は高く、細かい分析を行なっている。航続力については前述の「推進機関進歩の状況」でも言及されているが、ここでも再度の説明が行なわれ、航続力の短い駆逐艦に対する洋上給油（本書では「洋中補給」としている）も米海軍で実地試験済みであり、米艦隊の太平洋渡洋の準備が着々と整えられていることが解説されている。

また補給線施設については、給油艦や工作船といった補給艦の整備が進められており、さらに太平洋の海軍根拠地、特にサンフランシスコのメーア・アイランドとハワイの真珠湾について重点を置いて説明を行なっているが、それによると既に両港ともに大艦隊の補給・整備施設をほぼ整え、太平洋侵攻の補給線の維持に十分な機能を有すること、特に真珠湾は米国が太平洋で大艦隊を運営するにあたって唯一の前進根拠地であることから、莫大な経費をかけて防備を固めていたことを説明している。

なおここで、米国海軍省の試算として、戦時における太平洋艦隊の燃料消費量を一月五十万トンとする見積もりが示されている。

約十年後の真珠湾攻撃時、真珠湾の重油タンクに貯蔵されていた重油は六十万トンであったから、ほぼ戦時の一ヵ月分だったわけである。

真珠湾に貯蔵されていた重油を「太平洋艦隊の半年分」とする資料が多いが、あくまでも平時の数字でしかないことがここから分かるだろう。

真珠湾の重油タンク攻撃そのものの是非はともかく、広くいわれているように、「真珠湾の重油タンクを破壊すれば米太平洋艦隊は燃料不足で半年間行動不能になった」とする意見が誤りであることは明らかである。

そして、この章の最後は以下の文で結ばれている。

「交戦国として海外貿易の一時的杜絶は必ずしも一方的の事実ではないが、前節既に述べたる如く、太平洋進攻作戦に於ける米国の海外貿易に及ぼす影響は之を諸種の方面より考察して、国内経済上甚大のものたるを茲に再び繰り返さざるを得ない。

而して今其の戦争の結果如何は素より想像し難き所であるが、縦令それが短期決戦に了れりとするも、補給資源より観て、太平洋作戦は米国として余りに高価なるかも目下

実行の困難なる戦争と言わざるを得ぬのである」（307ページ）

つまり米国は強大な国力を有し、また対日戦の準備もいろいろと整えているが、同時にも し太平洋に侵攻すれば多くの商船を徴用せねばならず、そのため第一次大戦時と同様に対外貿易において大きな経済的損失を覚悟せねばならなくなるため、実際には実行は困難であると結論しているのだ。

無論、史実と比較すれば誤りといえるかも知れないが、この『米國海軍の眞相』が想定している「太平洋戦争」と史実の太平洋戦争とでは国際情勢が全く異なるため、単純に比較しても無意味である。

本書では「史篇」で述べられたように、日本海軍は原則として米国に対する抑止力としての位置付けであったことを考えると、ここでの記述は日本海軍に抑止力としての力は十二分に存在することを述べているのであろう。

作戦篇

本書のまとめが、この作戦篇である。ここでは米海軍の太平洋侵攻作戦における戦力、戦術、兵器について述べている。

一　米国の極東侵攻作戦

ここまで繰り返して言及されているように、米国は中国での利益獲得のために極東情勢に大きな関心を持ち、もし米国が必要と判断すれば米艦隊が太平洋を押し渡って極東に向かい、日本艦隊と交戦する意志のあることを米国の雑誌や書籍から紐解き、その上でその準備を整えていることについて言及してある。

個々の内容についてはこれまでと重複する部分が多いが、当時の日本で米海軍に多数の逃亡兵が出るといわれていることについては、一九二七年には千九十二人だった米海軍の逃亡兵が、軍内部の生活状態の改善と景気の悪化により一九三一年にはわずか四十五人にまで減少したことから、そのような事態は起きないであろうとしている。

また、前年（一九三一年）にハワイで起きた、水兵による暴行事件に端を発した現地住民と海軍兵士とのトラブルのために、オアフ島に戒厳令が布かれたことについて言及し、米国が戦略的に重要なハワイにおける住民との融和に力を入れていることも紹介している。

昨今の沖縄でも同じような問題が発生しているが、軍事作戦を遂行するにあたって重要な拠点における住民と兵士との軋轢の解消が、昔から大きな課題であったことがうかがえるだろう。

二　米国艦隊の編成

一九三二年の米国艦隊の編成についての紹介である。詳細の解説は避けるが、当然ながら本書の執筆時期において海軍の主役は大口径砲を搭載した戦艦であり、その紹介も戦艦群についてのものが最も詳しい。

三　布哇を後に

ハワイを出撃した米艦隊が、どのような形で日本近海へと進撃してくるのかについての考察である。

ここでは第二次大戦で対空・対潜防御陣形として使用されたことで名高い輪形陣についての解説が行なわれており、米艦隊の輪形陣は主力艦隊の前衛に重巡十一隻以上からなる強力な艦隊をあて、さらに軽艦艇や潜水艦による警戒網に加え、航空機による上空の見張りも加えた厳戒態勢で進むことを説明している。

ただし潜水艦の進歩により、いかに堅固な陣形を組んでも対潜Z航法（不規則に進路を変えジグザグに航行する）を怠ることはできず、ハワイから日本近海までの三千三百浬をジグザグに進めば距離は著しく増大し、燃料の消費や士気の低下といった問題がある点も指摘しており、遥か太平洋を越えて侵攻することの困難さを強調する内容となっている。

四　敵情偵察と通信

ここではまず、出動した米艦隊の行なう偵察手段について分析している。

・航空機により敵情を偵察。またの自軍空母機により敵航空機による偵察を阻止する。
・航空機の偵察は報告だけだが巡洋艦による偵察は遭遇した敵を撃破し、その後方に禍根を残さないようにしつつ前進できる利点がある。
・大型の潜水艦を日本近海に派遣して日本艦隊の動静を探る。

以上三つの偵察手段が挙げられているが、太平洋戦争では航空機の飛躍的な進歩により、本書で想定したような巡洋艦による偵察は行なわれていない。

偵察で得た情報を速やかに報告することで初めて価値が生まれるとして、続いて米海軍の通信についての分析に入るが、ここで興味深いのは、米海軍兵の教育程度の高さについて言及したくだりである。

「海軍兵の任務の中で、通信ほど高度の教育と頭脳を要するものはないが、右通信政策の第二号にも、教育の普及に依って通信時間と通信数を節減すると書いてある。之は勿論通信教育の事であるが、普通教育も素より関係するのである、然るに米国海軍兵の教育程度が日本のものに比して極めて高いことは次表によっても知ることができる。（中略）

學力素養程度	米海軍新兵		昭和五年十一月一日 同六年六月一日 入團日本海軍新兵	
	新兵數	對全數比率％	新兵數	對全數比率％
專門學校敎育一年以上を受けたるもの	二五	四・〇	—	—
中學卒業	一三一	二〇・九	四九八	三・四
中學一年以上未卒業程度	三七六	六〇・〇	五七三	三・九
普通敎育（八年）卒業	七二	一一・五	一〇、一四三	六九・五
同上以下	二三	三・六	三、三八二	二三・二
計	六二七	一〇〇・〇	一四、五九六	一〇〇・〇

注・米海軍の数字は、米海軍省軍務局がハンプトンローズとサンディエゴの訓練所の新兵六百二十七名について調査したもの（一九三二年六月十三日「アーミー・エンド・ネーヴィー・ジャーナル」誌より）。日本側は海軍省人事局の調査。

右の様に水兵の学力程度に格段の相違あることは、確かに米国海軍の大なる強みである」（334ページ）

あまり触れられることはないのだが、太平洋戦争でも多くの分野において基礎的な教育程度の違いは米国に有利に働いていた。

それは海軍だけでなく陸軍の機械化部隊などでも同様で、訓練時間が等しい場合では日米の兵士の練度には大きな差があったとされており、目立たないことではあるが戦局に少なくない影響を与えたのは間違いない。

「但し軍人は社会一般の事務家と異なり、戦闘中生死を顧みず、冷静沈着に職務に従事する丈の胆力と犠牲心が必要なのであるから、平素の学力程度が高ければ、戦時中殊に戦闘中の能率が高いとは限らぬ。それには又特別の精神修養が必要なのである。併し之は実戦の他比較の方法がないから、何とも明言することができない」(334〜335ページ)

この文は、「教育程度の差だけでは軍人の優越は図れない。つまり日本軍人が米軍人に劣っているとは言い切れない」という意図で書かれたのは明らかだが、同時に「精神面」についても「実戦の他比較の方法がない」としており、短絡的な結論は避けている。

史篇でも述べられている通り、歴史を見れば米軍人の勇敢さが日本軍人に劣っていたわけではないことは当時の日本でも知られており、現在一般にいわれているように戦前の日本人が軒並み安直に「日本軍人は精神力で米軍人に優越している」と思いこんでいたわけではなかったことが分かるだろう。

しかし、それにもかかわらず、対米戦においては「精神力の優越」が高らかに謳われたのは、むしろ勝算が立たないことをごまかすためではなかったろうか。皮肉にも精神面については「実戦の他比較の方法がない」からこそ、逆に合理的な根拠もなく「日本が優越している」といい切ることもまた可能だったのである。

以上に加えて、米陸海軍の通信機器の改良への努力について、米国の雑誌の記事を紐解いて説明を加え、ひとたび米艦隊の偵察網に相手国の艦隊が発見されれば、たちどころにその行動は米艦隊に知れ渡ることになるとしている。

五　敵艦見ゆ

敵艦隊を発見した段階で、米艦隊がどのように対処するかの考察である。

第一次大戦までは、縦陣が最良の戦闘隊形とされていたが、航空機の攻撃が大きな脅威となっているため戦闘隊形もそれに応じて変化するとし、ドイツ海軍のオズワルド・ポール大佐の論文を引用しているが、軍縮条約により戦艦の隻数が減少したのに加え、航空機の脅威に対処するため、各艦が自由に行動できるよう、艦隊の陣形において艦同士の距離を広げるべきだと説いている。

そして敵艦隊を発見した米艦隊は、戦艦群がその側面を敵に向けて大口径砲の威力を最大限に発揮できるような戦闘展開を行ない、また水雷戦隊を主力の前方に置き、重巡洋艦（本文では「八吋砲巡洋艦」）は敵駆逐艦の撃攘と味方駆逐隊の襲撃援護。航空部隊は最も安全な位置にあって、偵察と攻撃を行なうとしている。

六　戦艦巨砲の威力

よく知られているように、太平洋戦争が始まるまで「大艦巨砲主義」が世界の主流であり、巨砲を搭載した戦艦は海軍の主力であると共に、国家の威信のかかった存在であった。当然ながら本書でもそれを踏襲しており、戦艦の主砲を海戦の主力兵器としている。

「嘗て潜水艦が有望となるや、欧米に於て、将来潜水艦は軍艦に取って代わるであろうとの説が流行し、航空機の発達するや、航空機万能論者は忽ち世界中に現れ、甚だしきは之が為、戦艦無用論を唱えるものもあった。然るに此等は孰れも枝葉の問題であって、大艦巨砲主義の根幹には少しの動揺も来さなかった。（中略）華府会議に於ても、先ず戦艦の比率を協定し、且つ大砲の大きさを制限したのを見ても、海軍諸兵器の中で大砲が依然として海戦に於ける主要武器であることが分るであろう」（344～345ページ）

後世の視点で「大艦巨砲主義」を批判しても無意味であるが、当時から既に戦艦の価値に疑問を抱く声が挙がっており、それにも関わらず長年にわたり海軍の中核として実績を残してきた戦艦が、変わらず重視され続けていたことは明らかだろう。

そして当時の米海軍が使用していた砲についての要目を並べ、米戦艦の砲戦距離が三万ヤード（約二万七千四百メートル）だとし、そのような大遠距離の砲撃を可能にするため、航空機による弾着観測について述べている。

また、自艦の着弾による水柱と他艦の水柱を区別するために、米海軍が水柱に着色する方法を採用したことが説明されている。史実のサマール島沖海戦（昭和十九年十月二十四日）

で、日本艦隊が米護衛空母を砲撃した時、色とりどりの水柱から「奴らの攻撃は総天然色だ」といわれた話は有名だが、米海軍も同様のことは行なっていたのだ。

さらに米海軍は「不跳弾」という、頭部を扁平に裁断し水面で跳ねず、遅動信管を作動させて水中を直進する弾丸を三〜六インチ砲弾に採用している点も言及している。

これは、日本の名高い九一式徹甲弾と採用時期、内容ともにほぼ同じものだが、日本と違って大口径砲弾には採用されていない。

これは、戦艦クラスの主砲が遠距離砲戦を目的としているため、砲弾の落角が急であり意味がないと判断されたのであろう。

いずれにせよ、架空戦記では「日本戦艦の切り札」的存在としてよく使われる「水中弾」は、米海軍も知っていたのだ。

これら以外には射撃指揮装置の進歩や星弾などを挙げ、最新科学を駆使して数の面での優勢をさらに推し進め、勝利の確実を期す点を米海軍砲戦術の特徴としている。

装備面での説明に引き続き、砲戦の威力については、第一次大戦における主力艦同士の砲戦として最も名高いジュットランド海戦における英巡洋戦艦インディファチガブル、クイーンメリーの爆沈を例に挙げ、将来の海戦ではさらに激烈な惨事が起きるとの予測がなされている。

七　奇襲部隊の活躍

米國海軍主要砲要目（一九三一年ファイチング・シップス抜萃）

ワシントン砲熕製作所製、インディアン・ヘッド・ダールグレン・ポトマック射場にて實驗

區分	口徑	マーク	砲身の長さ	砲身の重量	徹甲榴彈の重さ	初速	被帽徹甲彈を以て直撃せる時装甲鈑を貫徹する最大厚さ 九〇〇〇	六〇〇〇	三〇〇〇	砲口に於けるエネルギー
				噸	听	呎秒	吋	吋	吋	呎噸
大口徑	一六吋	II	五〇口徑	一二八・〇	二一〇〇	二八〇〇	—	—	—	—
大口徑	一六	I	四五	一〇五・〇	二一〇〇	二六〇〇	—	—	—	九八、五三一
大口徑	一四	IV	五〇	八一・〇	一四〇〇	二八〇〇	—	—	—	七六、〇八七
大口徑	一四	I	四五	六三・三	一四〇〇	二六〇〇	一八・〇	—	—	—
大口徑	一二	VII	五〇	五六・一	八七〇	二九〇〇	一一・〇	一三・九	一七・五	五〇、七八三
大口徑	一二	VI	四五	五三・六	八七〇	二七〇〇	一〇・六	一三・三	一六・六	四四、〇二〇
大口徑	一二	V	四五	五二・九	八七〇	二七〇〇	九・八	一二・三	一五・五	四四、〇二〇
大口徑	一〇	III	四〇	三四・六	五一〇	二七〇〇	六・九	九・〇	一一・九	二五、七七二
中口徑	八	IX	五五	二九・七	二五〇	三〇〇〇	—	—	—	一六、二四〇
中口徑	八	VI	四五	一八・七	二六〇	二七五〇	四・四	六・一	八・六	一三、六三〇

口径	砲								
八	V	四〇	一八・一	二六〇	二五〇〇	四・〇	五・三	七・五	一一、二六四
六	XII	五三	一〇・〇	一〇五	三〇〇〇	｜	｜	｜	六、五五一
六	VIII	五〇	八・六	一〇五	二八〇〇	二・三	三・二	五・二	五、七〇七
六	VI	五〇	八・三	一〇五	二六〇〇	二・二	二・九	四・七	四、九二〇
*六	IX	四五	七・〇	一〇五	二二五〇	二・一	二・五	三・八	三、六八五
*六	IV VII	四〇	六・〇	一〇五	二一五〇	二・一	二・四	三・六	三、三六五
*五	VII	五一	五・〇	五〇	三一五〇	一・四	一・八	三・四	三、四三九
五	VI	五〇	四・六	五〇	三〇〇〇	一・四	一・七	三・二	三、一二二
五	V VI	五〇	四・六	六〇	二七〇〇	一・六	二・〇	三・五	三、〇三二
*五	II III IV	四〇	三・一	五〇	二三〇〇	一・四	一・七	二・六	一、八三四

*は薬莢を使用

（348、349ページ）

艦隊決戦時の水雷部隊の働きについての説明である。

戦艦の主砲に比べ魚雷の射程は半分以下であり、しかも多数の巡洋艦や主力艦副砲の砲撃を受けることから、昼間戦闘で敵主力艦隊に魚雷攻撃を行なう場合は多大な犠牲を覚悟せねばならないが、たとえ魚雷が命中しなくとも、敵艦隊が水雷部隊の襲撃を避けるべく戦闘中に隊列を乱すことがあれば、目的の一端は成し遂げられるとしている。

また、夜戦では暗闇に乗じて奇襲が行なえるので、さらにその威力が発揮しやすく、具体例としてやはりジュットランド海戦における英駆逐隊の夜襲が挙げられ、夜間戦闘では主力艦が無力であることが強調されている。

そして米誌の記事から、米海軍が電波で操縦する魚雷、そして直径二十五インチ（約六十三・六センチ）、炸薬量七百キロ、さらに電気推進であることから航跡を残さず、任意のジグザグコースをとることのできる魚雷を開発中であることが紹介されている。

名高い日本の九三式一型魚雷ですら直径六十一センチ、炸薬量四百九十二キロであったことを考えると、いかに飛び抜けて強力なものか想像できるが、太平洋戦争ではそのような魚雷を米海軍は採用すらしておらず、この情報の真偽は不明である（なお任意のジグザグコースを取る魚雷としては、ドイツ潜水艦が第二次大戦で使用したＦＡＴ魚雷が存在する）。

しかし、情報の真偽を確認することができないことから、本書では「只の一本でも命中したら最後である。如何なる堅艦と雖も大損害を蒙る」として、大きな脅威と受け止めているのだ。

濃霧や悪天候時は、夜間に準じて駆逐艦による襲撃の好機であり、米国では陸軍化学戦学校に海軍士官が入り、煙幕についても組織的に研究中であることが紹介されている。

さらに日米駆逐艦の比較が行なわれており、当時の主力駆逐艦であった日本の吹雪(ふぶき)級と米国のウイリアムソン級（いわゆる平甲板型駆逐艦）が例に挙げられているが、当時の米国は第一次大戦でおびただしい平甲板型駆逐艦を建造した結果として駆逐艦の建造は停滞期にあり、性能的には吹雪級の方が圧倒的に強力であったが、やはりその上で以下の様に警鐘をならしている。

「斯かる駆逐艦が相対抗した場合、勝敗の数は言わずして明かである。併し乍ら此の駆逐艦に於ても、倫敦条約に依る七割という制限があり、且つ米国は何時でも新計画の駆逐艦を急造する丈の大工業力を有するから、駆逐艦に於ける日本の優勢が何時迄も継続するものと考えてはならぬ」（362～363ページ）

なお、本書では吹雪級の魚雷を二十一インチ（五十三・三センチ）としているが、実際に吹雪級の搭載した魚雷は二十四インチ（六十一センチ）であり、最大速力も三十五ノットと実際より三ノット低く記載されている（なお、後年の改装による重量増大の結果、太平洋戦争時にはそれ以下にまで低下していた）。

戦艦長門の最大速力が実際より三ノット低く発表されたのは有名な話だが、当時の日本海軍は、意図的に艦の性能を低く公表する傾向にあったようだ。

さらに巡洋艦についての説明も行なわれているが、先述の通り当時はロンドン軍縮条約により日本は重巡洋艦を対米六割の比率に抑えられており、日本海軍が新たな重巡洋艦の建造が行なえないにもかかわらず、米海軍がまだ十隻を新たに建造する権利を得ていたことから、それらが完成すれば「彼我駆逐隊の活躍に非常なる難易を生ずることとなる」と述べ、そしてチャーチルの「第一の海軍国は大砲に恃み、第二の海軍国はその期待を魚雷に繋げねばならぬ」との言葉を引用して、以下のように結論している。

「『……倫敦会議に於ける米国全権の八吋砲艦に対する比率決定上の努力は実に感服する所である。重大なる命を帯びて万里に使いするもの、正に身命を賭して目的の達成に努力するべきである。吾人はチャーチル海相の言を回想する毎に、而して倫敦会議の結果を思う毎に、実に感慨無量なるものがある。

華府会議後は米海軍奇襲部隊の兵力は日本海軍に及ばなかった。日本海軍もチャーチル海相の言の如く、『期待を魚雷に繋げて居た』のである。然るに今や倫敦会議の御陰を以て、是も亦『奪われた』ではないか」（365ページ）

つまり、ロンドン軍縮条約の結果、戦艦だけでなく水雷部隊に於ても、その劣勢が決定的なものになったとしているのだ。

このような認識の結果として、海軍の条約反対派は当時の野党政友会と共に「統帥権干犯」を唱えて政府批判を行ない、また海軍内部でも「条約派」と「艦隊派」の派閥抗争が激化することとなった。

そして日本海軍は水雷部隊の不足を補うために、無理な設計の艦を建造して「友鶴事件」「第四艦隊事件」といった問題を引き起こし、最終的には軍縮会議を脱退し国際的孤立への道を歩むことになるのは既述の通りである。

国防政策全体としては末節の問題に過ぎない補助艦艇の制限が、国策全体を揺るがし大きな禍根を残したのは、歴史の教訓とせねばならないところであろう。

八　航空戦術

第一次大戦で航空機は大きな働きをなしたが、海上における成果は微々たるものであった。しかし、大戦後の急激な発達に加え、ワシントン条約で未成戦艦の船体が航空母艦として再利用され、その結果主力戦艦より大型の船体を持つ航空母艦が日米両国に現われたことから、当時その重要性は飛躍的に増大していたのである。

ここではまず米海軍が議会に提出した論文を元に、海軍に於ける航空機の任務として「弾着観測」「偵察」「爆撃」「雷撃」「煙幕展張」「駆逐」（注・敵機の迎撃）を挙げている。

第二次大戦時と比較すると「対潜哨戒」が欠けているが、後段の文では潜水艦攻撃用の爆弾についても言及されており、決して考慮されていなかったわけではない。

本文中では、この中で主に爆撃と雷撃についての説明が行なわれているが、特に当時、命中率の低い水平爆撃（本文中では命中率を三パーセントとしている）に代わる新戦術として注目された急降下爆撃について多くの文を割いている。

「急降下爆撃の最も進歩して居るのは米国である。米国製のボーイングの如きは極めて優秀で、急降下爆撃の際の驚くべき無理に耐え得るものと見られている。米国人の気質も亦斯くの如き冒険作業に適しているから、米国で急降下爆撃が発達するのは当然のことである」（370ページ）

太平洋戦争において、米海軍の急降下爆撃は四隻の日本空母を仕留めた名高いミッドウェー海戦を筆頭として大きな成果を挙げているが、それはやはり長年の積み重ねの結果であったのだ。

さらに戦艦に対する爆撃の効果や、航空機の雷撃についての説明が行なわれ、航空攻撃が戦艦に対しても戦闘不能または撃沈できるだけの打撃を与えうることを述べた上で、米海軍が空軍を重視していることを強調している。

このように、当時の米海軍においても、航空部隊は広範な任務に使用可能で、また決戦前に敵主力部隊に大きな打撃を与えうる貴重な戦力として、高く評価されていたといえるだろう。

ただし、「戦艦巨砲の威力」でも述べた通り、あくまでも主力は長年の実績ある戦艦であって、いまだ実戦で目覚しい成果を見せていない航空機については、補助戦力としての位置付けであったこともまた確かであろう。

九 化学戦

第一次大戦で広く使用され、大きな恐怖として受け止められた化学兵器は、当時ブームであった「日米未来戦記」でも大きく採り上げられることが多く、一般市民の関心も高かったことから、米海軍の化学戦に対する取り組みを紹介している。

「英国に対しては均勢を保ち、日本に対しては一〇対六の優勢を維持する米国海軍は国防上何の不安もない筈であるが、決して之に満足していず、有らゆる手段を尽して、戦勝を確実にせんが為、不断の努力を怠らない。之は実にアングロサクソン通有の特質であって、英国に在ってはエリザベス女王以来の伝統であり、米国にあっても建国以来数度の戦役を経て、今日の世界第一主義を唱えるに至った経路を見れば、極めて明瞭である。一体アングロサクソン程、我が儘な人種はなく、他国の軍備を侵略の要具であると云い、非人道的である等と攻撃し乍ら、自己の軍備は平和擁護の女神の如く唱えて、彌が上にも其の強大を策するのである。試みに米国の化学戦に対する熱心なる準備と研究とを見るとき、誰か其の戦争準備に汲々たるに驚かないものがあろう乎」(373～374ペー

ジ)

この「アングロサクソン人種論」は、現代の目で見ればかなりの偏見がうかがえるが、時代を考えると仕方のないことであろう。とはいえ、ここでの「アングロサクソン」を米国、及び米国を筆頭とした国連常任理事国(いわゆる「核クラブ」)に入れ替えてみれば、現在でもほぼ同様の批判が広くなされていることは間違いない。

つまり、人種とは無関係に「大国のしたたかな外交」は、同じ結論に達するということだろう。

ここでは米国の陸軍化学戦学校についての解説が行なわれ、一九三〇年の時点において海軍の卒業生の方がわずかながら陸軍より多いことに注目している。

そしてガスマスクは既に軍に必要不可欠の装備であることを説明した上で、米国海軍省作戦部のスコット大佐の発言などを引用し、以下のような結論が出されている。

「化学戦の攻撃的利用、化学戦の極度の利用、之が米国化学戦研究の最後の目的である。現在に於ても煙幕の戦術的利用法は最早実験の時代にあらずして、相当熟練の域に達しあること確実である」(377ページ)

このように、米海軍の化学戦研究が大きく進歩していることを匂わせている。

現実問題としては高速で移動し、内部が密閉空間に近い軍艦に対する毒ガス攻撃はあまり有効な攻撃手段とはなりえないが、当時は危険な存在として受け止められていたのであろう。

一〇 米国潜水艦戦法

太平洋戦争において、日本を屈服させるのにもっとも大きな成果を挙げた兵器の一つが、米潜水艦であったことは広く知られているが、本書でも重大な脅威として紹介している。

「さて日本近海に進出した潜水艦は如何なる仕事をするかというに、第一に偵察である。東京湾沖に占位して、毎日毎日潜望鏡を出しては出入の艦船を観測し、無電を以て報告する。此の際と雖も戦艦を見つけたならば、決して遠慮はせず、直に魚雷を以て撃沈する。東京湾内は飛行機を放って偵察する。日本近海の要所々々に悉く潜水艦を張り込ませて置けば、日本艦隊の行動は忽ち知れる。（中略）いよいよ米国艦隊が日本近海に押し寄せ、日本艦隊もやむを得ず出撃する時が来たならば、其の時こそ、米国潜水艦の乗ずる時である。或は横須賀軍港より、或は呉軍港より出港する所を待ち受けて、之を雷撃又は機雷にかければ、米国艦隊は戦わずして勝利を獲ることができる」

「潜水艦の操縦に関しては、米国軍人は大に自信を有っている。之に就て一九三〇年六月二一日ワシントン・ポスト紙に現れたフロスト中佐の『潜水艦に関する意見』の中に、『潜水艦は米国人の使用に好適の艦種である。何となれば、米国人は敏活、果断、独創等、潜水艦操縦の成功に必要な性質を具備しているからである。故に構造良好なる潜水艦を与えさえすれば、吾人米国海軍軍人は潜水艦操縦に於て、世界何れの海軍軍人をも凌駕することができる』

と述べている」(378〜379ページ)

一般に戦前・戦中の日本では、「体が大きく贅沢に慣れた米軍人は潜水艦には向かない」などといわれ、それが米潜水艦に対する無策の一因となったとされる。

そのような意見が広く唱えられていたのは紛れもない事実だ。しかし、本書のように冷静に分析した上で、米潜水艦について警鐘をならす主張も存在していたのである。

米潜水艦を侮った意見は、冷静に分析した上の結論というよりは、意図的に楽観論を唱えたもののように思えてならない。

さらに本書では、米海軍の整備している大型潜水艦についての説明を行ない、以下のようにその戦術を分析している。

「斯ういう潜水巡洋艦が日本近海に到着しても、彼は其の存在を暴露する憂があるから、小さい獲物は決して相手にしない。充分の情報を得た後、徐ろに価値ある獲物を求めて撃沈するであろう」(380ページ)

よく知られている通り、史実の米潜水艦は通商破壊作戦により「小さい獲物」でも遠慮なく攻撃しており、この記事は結果としては誤りである。

ただし、当時は第一次大戦でドイツのUボートに散々悩まされた米・英ですら似たような認識をもっており、第二次大戦においても再びUボートによる大打撃を受け、一方のドイツもまた、開戦前は潜水艦より水上艦を重視した海軍拡張を計画していた事実を考えれば、やむを得ないことなのかも知れない。

また本書の前提としている日米戦は、あくまでも艦隊決戦で勝敗を決める短期戦であり、その場合「商船は無視して戦艦を攻撃」するのは当然の選択だといえる。十年後の日米戦を正確に予測するのは誰にも不可能であり、「誤り」そのものを批判しても無意味だろう。

しかし、日本海軍は大筋において、ここで示されている認識のまま太平洋戦争に突入してしまい、それが通商破壊にとどまらず多くの分野で「日本海軍の敗因」となっているのである。

一一　決戦

いよいよ本書における最後の項である。本項は太平洋を東進してきた米艦隊と日本艦隊が激突した場合の勝敗について論じているが、具体的な戦闘の経緯を予想するのではなく、軍縮条約で対米六割の劣勢を強いられた日本海軍が不利な状況に有ることを強調している。

また軍艦のような有形的な戦力だけでなく、士気や戦略戦術などの無形的戦力についても言及しているが、それついての見解も興味深い。

「抑々此の無形的要素の向上は各国競って最善の努力を払い、平時不断の研究訓練を行いつつあるのであって、或一国のみが特に格段の優越を得ることは困難である。（中略）則ち最小限七割を要する所以であって、六割では如何にしても立つ瀬が無く、吾人は必敗を覚悟しなければならない」（383ページ）

戦前・戦中の日本では「精神力は無限の資源である」などといわれ、「無形的戦力」を過剰に評価し、それが軍のみならず国策を誤らせる要因ともなったことは広く知られている。しかし、本書においてこれまで幾度も採り上げられ、またここで再度示されるように「無形的戦力」において「一国のみが特に格段の優越を得ることは困難」であり、大きな「有形的な戦力」の差を埋めることはまず不可能だという冷静な認識が、ここでは示されているのだ。

そして主な海戦における両軍の排水量と勝敗の表が挙げられ、そこでは明白に「排水量の多い艦隊が勝利する」ことが挙げられている。

つまり本書では、日米両国海軍が決戦を行なった場合、「日本の勝利はおぼつかない」という結論に読者を導くようになっているといえよう。

〔近代主なる海戰の戰果〕

戰爭	海戰	國名	排水量	比率	勝負
日清戰爭	豊島沖海戰	日	一一、一〇六噸	一〇〇%	勝
		清	四、二五〇	三八	敗
	黄海々戰	日	三九、六四八	一〇〇	勝
		清	三五、三〇〇	八八	敗
日露戰爭	二月八日旅順攻擊	日	一八四、六九〇	一〇〇	勝
		露	一三〇、七〇四	七一	退嬰
	八月十日黄海海戰	日	一四一、三七四	一〇〇	勝
		露	九九、四九〇	七一	敗退
	蔚山沖海戰	日	五三、八〇一	一〇〇	勝
		露	三七、一〇五	六〇	敗退
	日本海々戰	日	二一一、三九〇	一〇〇	全勝
		露	一六一、四九五	七六	全敗
世界大戰	ドガーバング海戰	英	一三二、四〇〇	一〇〇	勝
		獨	九〇、四〇〇	六八	敗退
	コロネル沖海戰	英	二八、七〇〇	八七	全敗
		獨	三三、〇三二	一〇〇	全勝
	フォークランド海戰	英	七〇、八八〇	一〇〇	全勝
		獨	三三、五七〇	五〇	全敗
	ジュットランド海戰	英	一、一四四、六一二	一〇〇	勝
		獨	六六二、五〇二	五八	退却

（383、384ページ）

【総括】

現在の視点から見ると将来的な日米関係の予測を誤り、また軍縮条約に対する評価の低さ、通商破壊の軽視など問題点はあるにせよ、全体としては優れた研究書だと評価できる。後の太平洋戦争と比較すれば、本書の記述と異なる点も少なくはないが、それは致し方のないことであろう。十年前に現在の国際情勢を正確に予測できた人間などいないのと同じことである。

しかし、冒頭で述べた通り本書は広く読まれていたとはいえず、当時の一般的な日本国民がどの程度まで本書で示されているような認識を持っていたかは分からない。もちろん全体から見れば、事実を把握していた人間の方が少なかったことは確かだろう。

だがよくいわれるように、「戦前の日本国民は米国の実情を知ることはできなかった」とする見解が誤りであることも、また明らかである。

戦前の日本においても「米軍人の勇敢さは日本軍人に劣らない」「米国の工業力は日本の十倍以上」など米国の実情を冷静に分析し、そして米国相手の戦争に勝算がないと公表することが何ら問題なく行なわれており、しかもそのような書籍が海軍軍令部次長の推薦を受ける、すなわち日本海軍上層部からも好意的に受け止められていたのだ。

これは同様の認識を持つ人間が、海軍内部でも決して少数ではなかったことを物語っているが、逆をいえば太平洋戦争勃発のわずか九年前に、合理的な根拠に基づいて日本の勝利を疑問視する主張が大手を振って唱えられており、軍首脳からも高く評価されていながら、そのような認識が結局は国策に反映されることなく、最終的には日本が対米戦争に突入してしまったということをも意味している。

この『米国海軍の真相』出版と時を同じくして深刻化した日米対立、そして太平洋戦争勃発を執筆者たちはどのように感じたであろう。時流に流されてしまったのか、それとも日本の前途を悲観し暗澹たる思いで開戦を受け止めたか、それは筆者にはわからない。

本書のような真面目な研究書が、時流に迎合して「米国恐るるに足らず」と威勢のよい主張をする書籍に駆逐され、一般の国民から顧みられなくなっていった経緯は、さらなる研究が必要になるであろう。

『日米果して戦ふか』を読む

石丸藤太 著

昭和六年八月発行
春秋社

『日米果して戦ふか』——目次

本書もまたロンドン条約調印直後に書かれ、当時ブームであった日米戦の可否について論じた数多くの書籍の一つである。著者の石丸藤太（一八八一～一九四二）は当時海軍の少佐であり、日本が対米戦に敗れると予測したバイウォーターの『太平洋戦争』について批判本『バイウォーター太平洋戦争と其批判』（大正十五年）を出すなど複数の書籍を手がけており、いわゆる「日米未来戦」には否定的な立場を取っていた人物である。

本書ではワシントン、ロンドンの両軍縮条約を高く評価すると同時に、それらへの反対の声を厳しく断罪しているが、石丸自身の職場である海軍内部で軍縮条約に関して深刻な意見対立があったにも関わらず、このように表立って意見表明ができたのは驚きですらある。また、シベリア出兵についても「軍国主義」の象徴的存在として繰り返し非難するなど、このような政治的な問題についても、大っぴらに自分の意見を主張することができた当時の軍人は、ある意味、現在の自衛官よりも自由だったといえるかも知れない。

第一篇　日米将に戦わんとす

第一章　極東舞台の争覇

「太平洋を隔てて互いに相対峙する日米両国間には、過去の二十余年間、戦争来の悪魔の声が、寄せては返す怒涛の咆哮のように、それからそれへと引っきりなしに伝えられた。殊に一九二一年以前の約十五ヵ年間を以て最も然りとした。かかる悪魔の声は、血を見ることを人類の天職と履き違えた軍国主義者は勿論、人類福祉の増進に対して、重大なる責任を有する日米両国の思想的政治家達でさえも、時としては之を公言して憚らなかった」（4ページ）

このような書き出しで始まる本書の第一章は、先の米海軍次官ルーズベルト（太平洋戦争時の大統領）が一九〇八年に日米の緊張の高まりから、日米戦を予感していたと告白したことを受けて、日米の緊張関係について述べることから始まり、そのような「戦争の予感」がいかに生まれたのかの説明である。

当時日米間で大きな問題となっていた日本の移民については「八方塞がり」の状態であるとして、日本の取りうる道を移民ではなく国民経済の発展によって多数の人口を養うべきであるとしている。

「即ち英国が世界至る所に商権を樹立して居るように、アジア大陸から原料品及び食料品の供給を受け、その加工品の販路を開拓することである。ロンドン市場の例に倣い、少なくともアジア大陸の各地に支柱を設け、中心たる東京及び大阪市場との間に脈絡を保たしめ、アジアを一体として活動し得ることである。これが為には就中支那と共存共

栄の実をあげ、経済上の提携を増進することが必要である」（9ページ）

この主張そのものは決して誤りではなく、加工貿易こそが日本の発展に必要不可欠であることは、現在では常識だろう。

だが、戦後の日本の繁栄がむしろ欧米、特にアメリカとの貿易、そしてその海軍力がもたらしたシーレーン防衛によるアジアに限定されない資源の輸入によって成り立っていたことを考えると、間違いではないにしても時代的な限界を感じさせるものだ。

そして「アジアを一体とする」必要性が過剰に意識されてしまった結果が、のちのち破滅へと繋がる遠因となったといえるだろう。

さらに、国防と国民生活を秤にかけ、ワシントン軍縮会議までの日本は国防優先体制であったとして、以下のように述べている。

「然るに世界大戦を分水嶺として、軍国主義、領土拡張を目標とする帝国主義、乃至は軍国主義的侵略気分を以て経済上の発展を期せんとする思想は過去の夢と化し去り、世界の思想は茲に全く一変した」（11ページ）

このような世界情勢の認識を元に、当時の日本の政治家や有識者に根強かった「国防第一主義」を否定している。この時点の認識としては正しかったのであろうが、この後に日本はナチスドイツの快進撃により「また世界は変わった」という幻想を抱き、太平洋戦争へと突き進むことになる。

そして米国の極東政策として、米国は中国市場への進出について単独主義と国際協調主義の間を揺れ動いているとし、本書執筆時点では協調主義であると述べ、そこで中国を巡る日米の対立要因は、

「アメリカの門戸開放、機会均等主義と、日本の特殊権益との争い」

「日本に於ける一部政治家、軍人の侵略主義――又はアメリカ側が、日本の政策を然く信じた誤解――に対するアメリカの領土保全主義との争い」

の二つに帰着するとしている。

ここで石丸は、米国の主張する「門戸開放要求」自体は正当なものであり、日本には何ら害にならないとしつつ、米国は適用範囲を次第に拡大し、日本を含めた他国の既得権益を侵害するようになり、一方で南北米大陸にはモンロー主義をもって他国の進入を止めようとする勝手な主張を行なっていると批判する。

そして日露戦争以降、「黄禍論」の高まりから米国は日本を脅威視し、それが満州を巡る権益争いとなったとしているが、同時に日本の対華二十一箇条の要求やシベリア出兵についてもそれ自体は正当としながら、手法が拙劣で「新時代の気運に順応せず」、外交的立場を悪化させたと批判しており、決して米国批判一辺倒というわけではない。

とくにシベリア出兵について、「日本の信用は全く地に墜ち」と断罪し、「戒むべきは軍人

の跋扈、軍閥外交である」と、後の日本外交の失敗を予見するかのような非難を行なっている。

第二章 NO Japs Wanted! ——日本人無用

この第二章は、当時の日米関係を論じた書籍の定番中の定番と言うべき、米国における日系移民排斥について説明している。

細かい内容は割愛するが、米国の行為を不当と断じつつ、日本政府の措置を「無限の信望を高めた威厳と抑制を以てアメリカに対した」と絶賛している。

第三章 日米海軍競争へ

これも定番である、太平洋における日米の建艦競争についての記述である。内容はありきたりなものではあるが、軍拡競争が戦争へと向かいかねないことに警鐘を鳴らしており、

「幸いにも両国の指導者は、大局より観て賢明の策に出で、ワシントン会議を利用して将に爆発せんとする日米戦争を未然に防いだ。果たして然らばワシントン会議の効や頗る大なりと謂わねばならぬ」（85ページ）

このように軍縮条約については、高い評価を与えている。

第二篇　舞台は廻る

第四章　ワシントン会議の意義

ここではまず軍縮会議に向かう米国の意図について、莫大な戦費のかかる戦争を避けつつ政治的圧力により日本の勢力拡大を抑えるものだと述べ、

「アメリカ人はかく考えた末に、遂に日本を精神上及び物質上に於て世界から孤立せしめ、之を国際政治と国際経済から除外し、国際世論の敵となすのが最良策だと結論した」（91ページ）

米国の外交戦略をこう分析した上で、以下のように述べているのは興味深い。

「されば過去数十年間の努力の結果を失わざる為には、欧米人の友情と尊敬を維持することが日本にとって先決条件であるのは、容易に理解し得るとことである」（91〜92ページ）

「……国際の大勢に順応して、社稷（注・「国家」の意）の安全を期することこそ賢明の策である、独占と排他的思想は時代遅れであり、軍国主義乃至は軍国主義的侵略気分

を以て、経済上の発展を期するのも誤りである。短慮は何事に於ても失敗の基である。各国に対する信頼協和の気分と協調の精神こそ、日本の経済的発展を実現し得る方策である」(93～94ページ)

ここでの主張が十年後の太平洋戦争において、日本にとって最悪の形で証明され、また戦後の日本の経済的発展が、まさしくここで述べられた通りの方策によって成し遂げられたことは論を俟たない。

そして、石丸が否定した方向にその後の日本が突き進んだのは、世界恐慌中に自国産業の保護のために日本からの輸出を制限した欧米に対する失望感、その反動として日本独自の経済圏設立が要望されたこと、ドイツやイタリア、ソ連における全体主義の勃興など複数の要因が合わさった結果によるものだが、国際協調主義の重要さが理解されていながらも、結局道を誤ったことは歴史の教訓とせねばなるまい。

これは「国際の大勢に順応」と口にするのは容易くとも、実際にはその「大勢」を見抜き的確に順応するのは簡単ではないことを示しているといえよう。

さらに、ワシントン条約の日米双方の得失について述べているが、基本的には日米戦争を避け得たことを中心に、双方に益が大きいと高い評価を与えている。

第五章 日米抗争より英米抗争へ

この章はワシントン条約後の米国の動きについての解説である。著者は米国における「大海軍論者」が行なった軍縮条約に対する批判や、排日移民法に乗じて唱えた日本脅威論を「盲動」と断じ、厳しく批判している。

しかしその後、「大海軍論者」の宣伝に反して日本が条約に忠実な態度を示したことから、米国の対日反感は好感へと変わったとしているが、ここでその対日世論好転の代表例として、太平洋戦争時の大統領となるルーズベルト前海軍次官（在職一九一三〜一九二〇）の発言が引用されているのは、あまりにも皮肉な話である。

そして、米国では対日世論の好転に平行して、米国が本当の競争相手は日本ではなく英国だとして、以下のように述べている。

「……英人の謙譲の美徳に対して、米人は如何なる態度を執りつつあるかというに、唯だ傲岸不遜の一語に尽きる。由来米人は何事にも世界第一を以て自任する国民である。彼等はアメリカの自我的流儀を世界に押売するを以てその天職と心得、無理も非理も己等に都合よきように解釈して、世界の面前に我儘を平気で押し通しつつある」（119ページ）

現在でも広くいわれている米国批判とほとんど変わらぬ内容であるが、いい換えれば米国に対する長らくの伝統的な批判見解といえよう。

そして、米英双方共に相手を敵視する立場と協調を説く立場があり、米国も国際協調の必要性を認識したことから、一時期に比べればその矛先を収めたとしながらも、石油やゴムのような資源、通商における利権など深刻な利害の衝突は各地で起きていると述べ、そしてワシントン条約調印後も引き続き行なわれた米英の海上覇権を巡る駆け引きが、ロンドン軍縮条約への道を開いたと評価している。

第六章　ロンドン海軍会議の成果

読んで字の如く、ロンドン軍縮条約に対する評価である。

本書と同時期に書かれた軍事関係の書籍において、ロンドン条約に対する評価は多くの場合、完全否定とまでは行かなくとも「国防に支障をきたす」として、批判的なものが多いのだが、国際協調を重視する石丸は、米国が最大の利益を得たとしつつも、やはりワシントン条約同様に肯定的に評価している。

「ロンドン会議が、日・英・米三国の親善促進に如何なる貢献をなしたかを論ずるには、時期尚早きに失する。然しながら三国の海軍専門家が囂々として該条約を非難し、自国国防の不安を呼号するにも拘わらず、冷静なる世論が寧ろ条約を歓迎しつつあるよりみれば、この会議が相互の親善関係を少なくとも促進し得たことは疑いを容れぬ。この新に醸された親善関係が、不幸にして国防一点張りの偏狭な論者、軍国主義的軍人によっ

て阻害されつつあるは遺憾である」（141ページ）

石丸はこのように軍縮条約調印による今後の国際親善には大きな期待をかけ、各国に根強く存在した条約反対の声を厳しく非難している。しかし、日本にとっては実に皮肉なことに、ロンドン条約調印が有名な「統帥権干犯」問題を引き起こし、国際協調どころか正反対にその後の軍部暴走・国際的孤立への一里塚となってしまった。

そして問題を深刻化させたのが、石丸が憂慮した「国防一点張りの偏狭な論者、軍国主義的軍人」たちよりも、むしろ目先の政争のために条約を議会における政権批判の材料として利用しようとした政党政治家たちであったという事実は、その後の日本の行方に大きな影響を与えることになる。

第三篇　日米果たして戦うか？

第七章　痴人夢を説く日米必戦論の種々相

ここは本書の本題であり、当時大ブームを引き起こしていた「日米未来戦」についての解説に入る。章のタイトルを一読して明らかなように、著者は日米戦争には極めて否定的であり、当然ながらここでは、「日米必戦の根拠を否定する」ことに重点が置かれている。

「近くは日清、日露、日独戦争の如きも、何れも皆日本にとりては防御的戦争であった。即ち若し之を放任すれば、国家の死活に関するので、日本は遂に剣を抜いたもので、煎じつめればこれも亦外敵の挑戦に応じた受動的戦争に外ならない。かかる伝統的政策を有する日本国民が、今後と雖自ら進んで挑戦的、主導的戦争を敢てするとは思われない。況や日本の政府当局者が、国内問題の収集と国民思想一新の為め、国家の命運を賭する挑戦的戦争を敢えてするというに至っては、言語道断であり、頗る旧式な考え方である」（146～147ページ）

その後の日本が、ここでいわれる「言語道断」な選択をしてしまったことは、あれこれと論じるまでもあるまい。しかし、後世の視点で見れば日清、日露などの戦争を軽々しく「侵略的」と断定するべきでないのと同様に、「防衛的」ともまた単純に言いきれるものではない。

そして逆説的に、日本が「自ら進んで挑戦的、主導的戦争を敢てするとは思われない」とここで著者が示している論理そのものが「日本の戦争は常に挑戦的戦争ではない」となり、かえって状況を悪化させたのではなかろうか。

これは過去の冷戦時代、社会主義を信奉する勢力により「社会主義国は侵略戦争をしない。従って社会主義国の戦争は常に自衛戦争である」とする主張が展開されたのと、似たような心理であろう。

また、既述の通り本書はシベリア出兵を激しく批判しているにも関わらず、同様の事例が将来も起こりかねない可能性を過少に見積もっていると見受けられるが、その理由は「世界は新たな平和の時代を迎えた」という認識そのものだと思われる。

「日米移民問題は、日本政府の賢明なる自制と、アメリカ国民の反省により、解決の曙光は既に見え始めて居るので、これにより戦争の危険を醸すものとは思われない」（148ページ）

移民問題は確かに日米双方に長く続く対立を生んだが、それ自体が戦争へと直結したわけではなく、ここでの指摘は妥当なものだ。ただし、移民問題での感情的なしこりが、その後の日米関係に少なからぬ影響を及ぼしたことも、また確かである。たとえば九〇年代初頭、冷戦体制崩壊後の旧ユーゴにおいては、民族主義の高まりと共にクロアチア、セルビアの両民族が過去の軋轢、特に第二次大戦中に両民族の間で盛んに行なわれたテロを引き合いに出した非難合戦を行ない、お互いに感情的な対立が煽られ、それが凄惨な内戦を引き起こす下地となった。

感情的な問題は、それ単独で戦争に直結するものでは決してないが、他の要因と組み合わさったとき、戦争を容認する流れを生み出すものなのである。

「……黄白両人種は、文化の程度進むに従って、同一人種間に利害の衝突こそ起れ、互に結束して他に対することは到底不可能と謂わねばならぬ。その結束するのは偶々利害関係が相合致した時に限られ、人種の異同などは問題となるまい」(150ページ)

実に真っ当な認識であるが、その後の日本では「アジア人対白人」という単純な括りで世界を論じる意見が幅を利かせるようになり、それが日本を「アジアの盟主」として「欧米に支配されているアジアを解放する」という幻想に基づく危険な選択へと世論を誘導する要因となってしまった。

またこれは対米戦の勝利が覚束ないが故にこそ、「同じアジア人なのだからアジアを代表して欧米と戦う日本に協力するだろう」という、裏付けのない希望にすがらざるを得なかった心理の裏返しともとれる。

ただこれについても昨今、実体を伴わない「アジア共同体」が一部で声高に叫ばれるところを見ると、程度の差はあるにせよ似たような思想は常に存在することは、現在の我々も心に留め置く必要があるだろう。

「……両雄並び立たざる史上の教訓が、過去に於て真実であり、現在に於てその片影を残して居ることはこれを認めねばならぬ。併しながら世界大戦に目醒めた世界の識者は、戦争の如何に恐るべく残酷なものであるか、戦争によっては何ものも利するところはない、敗者は素より、勝者も亦その痛苦を深刻に味はねばならぬことをしみじみと覚った。彼等は相戦うよりも、むしろ共存共栄が自衛の最良方法であることを、その頭に深く刻みつけられた。若し歴史が教訓を与えるならば、これほど深刻な教訓は外にはあるまい。さればこそ、大戦後には国際連盟の出現となり、不戦条約の締結となって、戦争という悪魔を退治すべく、各国は真摯の努力をなしつつあるのである。換言すれば、現代の歴史は、戦争の必然性を教えるよりも、むしろ戦争の避けねばならぬことを切実に教えたのだ」(151ページ)

第一次大戦がもたらしたかつてない戦禍と疲弊が、ここに示されたように数々の平和への動きへと繋がり、それによって石丸が繰り返すように「世界は平和に向っている」とする認識が当時広まっていたのは間違いない。

だが、それがいつしか「戦争を避ける」ことそのものを目的するようになってしまい、ナチスドイツへの宥和策の失敗とその勢力拡大を招き、結果として第二次大戦というさらなる深刻な戦禍を招いてしまったことは、よく知られている。

そして第一次大戦で深刻な戦禍を体験しなかった日本では、国土を荒廃させた第二次大戦後になって、欧州から周回遅れの形で極端な宗教的ともいえる平和主義が広く唱えられることとなった。

「……戦争の発起を余儀なくするものは、自由競争ではなくて、寧ろ独占主義、排外主義から来たる国際感情の悪化である。

その理由は簡単である。第一に支那に対する日米の貿易品は、何も重大な競争や衝突を起こすような性質のものでない。第二に門戸開放、機会均等が完全に行われて、所謂フェアー・プレイが行われる時、最も利益を受けるものは誰かといえば、距離の関係かららいっても、粗工業から精工業に移っていく我国の現状から見ても、少くも我が日本であるといえるだろう。況や支那は大国である、支那人は利口である。日本一国で之が開発を請負い、その経済的利権や貿易を独占せんとしても、それは到底不可能である。我が既得権を損せざる限り、列強と協調を保ち、共同して進むことこそ寧ろ当然の途ではないか」（153～154ページ）

この意見は誤ってはいないが、結果を見ればあまりに将来を楽観視しすぎていたといわざるを得ない。

本書出版の翌年、世界恐慌に対応するため英国が結んだオタワ協定をきっかけとして、自国の経済圏のみの保護を目的とした排外的なブロック経済による「独占主義、排外主義」の波が世界を覆い、それが日本やドイツ、イタリアといったいわゆる「持たざる国」に大きな衝撃を与え、軍事偏重への道を歩ませることになる。（なお、日本の米国および英連邦相手の輸出額は満州事変のため一時的に落ち込むが、ブロック経済の成立後も増大しており、また日本はむしろ世界恐慌からいち早く脱したことなどから、日本の受けた打撃は深刻なものではなかったとする見方が現在では有力である。ただし、日本側が「欧米から締め出された」と受け止めたのは確かであり、その心理的な影響は大きかったといえよう）

そして、中国においてもナショナリズムの高まりから、日本を含めた外国の権益に対する反発が強まり、日本が死活的問題とした中国における既得権が脅かされることになり、本書出版直後に勃発した満州事変の原因となった。

また、日本の工業化の進展は、原料供給・製品輸出先としての中国大陸に対する過剰な意識を生み出してしまい、中国市場を巡る英米との対立と外交的孤立、そして太平洋戦争へと繋がるのである。

ここでの主張そのものは、決して非合理なものではないのだが、むしろ道理にかないすぎて人間の有する非合理な面を見落としてしまったのではなかろうか。

第八章　危険なる満蒙問題

前章で当時の日米必戦論を「痴人の夢」と厳しく否定した著者であるが、当然ながら日米が戦争をすることは決してないと思っていたわけではなく、ここでは日米戦争が起きる場合について論じているが、ここで示される認識が後々の太平洋戦争に向かう心理の一端を説明していると思われる。

「ここにいう生存権（注・『国家生存の為に必要不可欠な権益』の意味で使われている）とは、いうまでもなく満蒙に於ける日本の政治上、軍事上並びに経済上の特殊の関係を指すものである。前にも述べたように、満蒙方面は露国の南下侵略に対する緩衝地帯として、我が国防上に重要な意義を有するのみならず、その資源は、他給他足と人口の過剰に苦しむ日本の経済的存立の為にも緊切の関係をもち、然もこの緊切の度は、今後益々重要の度を加えんとする有様である。我が国が既に満蒙方面に十五億円（注・大正後期の国家予算に匹敵する）近くの投資を下し、諸般の施設経営をしたのは、満蒙は鮮血の犠牲を払って獲たものであると言う歴史的心理以外に、かかる重要な意義を有するからである」（161〜162ページ）

「支那にして自力を以てその富源を開発し、その商工業を振興する力がないとすれば、先進国によりて之を開発し、その事業の振興を計るの外はない、之が為には就中日支両国の相互援助による共存共栄を必要とする。世界にしてこの特殊の地位にある日本の要求を、冷静且公平に考察したならば、日本に対し相当有利な地位と持分を与えるは、これ即ち正理公道に合致したものであることを承認するに吝かならぬであろう。日本が満蒙に対して特殊権益を主張する理由はここにある」（162ページ）

このような認識が日本を大陸へと必要以上に深入りさせ、それにより権益確保のための武力行使を肯定し、またそこで得た権益を手放さないためにまた深入りするという悪循環に陥らせる原因となってしまったといえるだろう。

しかしながら欧米諸国も当時、日本の満蒙に対する「軍事上並びに経済上の特殊の関係」そのものは、他の列強が中国で獲得していた特権と同様に容認する姿勢であり、権益の確保だけであれば少なくとも国際的な孤立を招くことはなかった。

だが、昭和期に入ると「日本に対し相当有利な地位と持分を与える」ことを当然とする意識は、国際協調の枠内で権益を着実に確保していく地道で堅実な路線よりも、軍事力による権益の独占という道を歩ませることになり、それに反対する欧米並びに中国との感情的な対立を煽り、外交的な選択肢を狭めてしまったのである。

また、時代背景を考えれば単純に比較することはできないにしろ、戦後の日本の飛躍的な発展が、「特殊権益」とは全く無関係に成し遂げられたことを考えれば、過剰に中国を意識しすぎているのも間違いあるまい。

しかし、これまで国際協調主義を繰り返し唱えてきた石丸ですら、これだけ拘泥していることを考えれば、当時の日本において「大陸権益の維持・獲得」は、まさしく外交における至上命題であり、そこでの妥協は政治的に極めて困難だったことがうかがえる。

現代では、ときおり「戦前の日本は大陸の利権など放棄していれば良かった」といわれることがあるが、それは「後世の視点」としてはあり得ても、当時の日本としては全くあり得ない選択だったのだ。

ただし、石丸もあくまで「外国」である中国における日本の特殊権益が永久に維持されるものではないことは理解しており、以下のようにも述べている。

「尤もかくいう我等を以て、永久に満蒙に於ける特殊権益を主張するものと即断してはならぬ。支那が実力ある独立国家になることは、日本国民の衷心より希望するところであり、かかる時期が来れば、明治維新の苦き経験を有する日本人は、何人も喜んで現に有する特殊権益を吐き出すに躊躇しないであろう。かかる場合には、我が在留民の自然の膨張や、投下された資本の活動による自然的の発展を、正当に保護し得る確実な目鼻がつけばそれで充分である。日本は何もこれ以上求めんとするものでない。日本の恐るるところは、不合理な方法、又は何等の代償、保証なしに右の特殊権益を奪わるることである」（163ページ）

ここも一見すれば正論ではある。

当時も、こういった主張は決して珍しいものではなく、実業家であり、また右翼の巨頭として大きな影響力のあった頭山満なども、「中国の国情が安定すれば、特殊権益は返還すべきである」と唱えていた。

だが、本書出版時点の中国は、雑多な軍閥を取り込んだ国民党政府の党内対立による内戦状態にあり、それに一応の終結を見た後、今度は共産党との国共内戦が勃発するなど混乱続きで、「実力ある独立国家」には程遠い状況であった。

当然ながら、日本の在留民や投下した資本の保護も保証できず、石丸の論理で行けばそれ故に特殊権益を手放すことはできない、という結論になるであろう。

しかし、ここに欠落しているのは、「その特殊権益が本当に日本の利益となっているのか」という視点である。もちろん、莫大な国費をかけ多大な犠牲を払って獲得した特殊権益を軽々しく手放すのは非現実的であり、国民の支持も得られまい。

だが、それでも損益を計算して割に合わないものを選択し、政治的な駆け引きの道具として放棄するという選択もあったはずである。

実際に日露戦争後の日本において「特殊権益」は、それ自体では確かに経済的な利益があったにしろ外交面では重荷となり、中国が混乱状態にある中それを維持するためのコストがかさめばかさむほど、それまでに投じたコストを無駄にしないがため、なおのこと権益を維持せねばならず、またそのコストを捻出するためにも新たな権益を確保せねばならなくなる、という事態を招いてしまう。

そして後の日中戦争においても、戦争の長期化に伴い戦果と占領地、そして犠牲と戦費の拡大に伴って講和条件が肥大化していき、講和を不可能にしてしまうのである。

これは企業経営に於いて「投じた資金を回収せずに事業を辞めることはできない」とさらに投資を続行して余計に傷を深くするのと似たようなものであろう。

また、本書では当時、中国で巻き起こっていた外国の権益否定の動きである「国権回復運動」については、「その活動は殊に目ざましきものがある」と評価しつつも、日本の権益に対する脅威であると述べ、その象徴として関東州（遼東半島）の租借と満州鉄道の利権を巡る日中の衝突について論じているが、これらの対立について「正対正の紛争」としており、決して中国側の主張を認めていないわけではない。

しかし、双方に正当な言い分がある以上、簡単に解決する見通しがないことから、石丸は大きな危険性を含んでいると述べた上で、「中国が武力に訴えた場合」「日本が武力に訴えた場合」「中国が平和的に日本の権益を侵害する場合」の三つを取り上げ、どれも日米戦争に繋がりかねない危険性があるとしている。

このため日中双方の話し合いにより円満な妥協を遂げるしかないという、極めて常識的な結論を提示した上で、以下のように述べている。

「国家の対外政策上最も忌むべきは、その制御力を失って、騎虎の勢、無益の兵力使用を敢てすることである。凡そ天下危険なるもの多しと雖も、これ程大なる危険はない。この点は日支両国民が静に胸に手をあてて深く考えねばならぬところで、極東平和維持の関鍵（注・『ものごとの要所』の意）も亦ここにある」（175ページ）

これもまた、実にもっともな意見であるが、日本がその「最も忌むべき」道を突き進んでしまった理由の一つは、石丸が「生存権」とまで呼んで重視していた特殊権益が日本国内で異常なまでに肥大した存在となり、総合的な国益を考えた上でそれ以外の外交目的と調和させる術を失ったからである。

つまり、本来ならば国益の観点からその是非、取捨選択を論じるべきであった特殊権益の確保が、外交における至上命題となるという本末転倒の事態を招き、それを大義名分とした武力行使を政府が制御できなくなってしまったのだ。

「かく観察してみれば、日米戦争の起こり得る場合は、満蒙問題に関し、支那側が不法な対日態度をとるに対して、アメリカが之を支援するか、又は日本が満蒙に対して、領土的野心を実現せんとする場合以外には之を求むるを得ない。アメリカの穏健なる世論は、必ずや右のような支那の不法活動を支持しないであろう。日本も亦支那に対して領土的野心を有するものでもなければ、華府条約の手前、之を為し得るものでもないのは、一点疑を挟むの余地がない。果たして然らば今日の国際関係が、何らかの突発事件によりて急変しない限り、現状に於ては日米戦争説が痴人の夢に過ぎないのは、何人も容易に看取し得るところであろう」（177ページ）

皮肉にも『日米果して戦ふか』出版の直後に勃発した満州事変により、日本を取り巻く国際関係は、満州国建国、日本の国際連盟脱退と文字通り「突発事件によりて急変」することになる。

もちろん、それを事前に予見できるはずもないが、裏を返せば「国際関係」が時として想像もできないほどに激変するものであることを示しているといえよう。

また、本質的に「大陸の権益」にのめり込む日本と、それを阻止しようとする米国との戦争という太平洋戦争の構図が既に予期されていることを考えると、当時の日本人の多くが主観的には「支那側が不法な対日態度をとるに対して、アメリカが之を支援する」という認識の元に戦争を支持したであろうことがうかがえる。

第四篇　日米若し戦はば

第九章　日米戦争の一般的考察

この章では、前章で述べられたように満蒙問題をきっかけに日米戦争が勃発した場合について論じている。

「さればこの戦争では、支那は主としてアメリカ側に与し、日本を敵とするものと想像せねばならぬ。支那の慢性的内乱を利用して之を牽制するか又は兵力を以て支那の参戦を予防するの他はない」(180ページ)

「然らばロシヤは日米両国の何れに与するかというに、失われた国土利権の回復、東支鉄道における勢力の争い、並びに支那共産党の小反乱続出に対する日本軍の鎮圧活動などから、日露の関係は次第に悪化すべく、その利害関係は、アメリカよりも寧ろ日本との方、より多く衝突の立場にあるものと観ねばなるまい」（181ページ）

このように仮に日米戦となった場合、日本の周囲は良くて中立、むしろ敵となる場合が多いという認識を唱えている。そして米国の戦略について予想した以下の文は興味深い。

「……アメリカ陸軍を日本の本土内に進め、日本をして城下の盟をなさしむることは、労して功なきものと謂わねばなるまい。蓋しかかる場合には、忠勇なる日本人が最後の一人に至るまで戦うことは之を予期し得るからである。されば陸軍の行動に依ってアメリカが為し得るところは、日本の海外領土を攻撃占領しうる位に過ぎまい。

之に反して日本艦隊を撃滅し、アジア方面の海上を完全に管制する時は、日本と海外との交通を遮断し、日本の都市に対して空中襲撃を行うことが出来、かくして飢死と恐怖の極、遂に日本人をして戦意を捨てしむることも出来よう」（181～182ページ）

史実の太平洋戦争においても、日本本土上陸ではなく封鎖と空襲で日本を屈服させた米軍の戦略を、ほぼ的確に予想したといえるだろう。

だが貿易の重要さを紹介し、さらに日本の国内資源の乏しさから「海上貿易は日本の生命」であるとして、「海上交通線の安全」確保を唱えていながら、基本的にその範囲は日本海、黄海、東シナ海までであって史実の太平洋戦争における最大の課題であった東南アジア方面については、「出来れば確保する」という程度に留まっている。

後知恵で批判するのはたやすいが、限られた予算で平時から海上護衛戦力を整備することは困難であり、米英でもそれは同じであった。

また、史実では資源獲得のため東南アジアへの侵攻を余儀なくされたが、あくまでも米国だけを敵手とする場合、フィリピンさえ攻略してしまえばあとはフランスやオランダの支配圏である東南アジアのシーレーンまでも日本が自力で守る必要性は薄いため、この時点では誤りとは言い切れない（本書では日米戦に英国の参戦までは考慮されているが、フランス、オランダまでも日本と敵対することは想定されていない）。

むしろ問題とすべきは、戦前の想定より遙かに広大な海域を防御せねばならない事態に陥った、外交的失策の方であろう。

「アメリカを屈するには、一部要地の占領、重要都市の空中攻撃等に依って国民の恐怖心を惹起し、又異民族の複合世帯という弱点を利用して内紛を起し、更にアメリカに対する中南米諸国の反感をも利用することに依ってのみ、之に成功することが出来よう」（188ページ）

石丸は日本が米本土に侵攻し、実力で米国を降伏させるのは不可能だとした上で、特に後の第十九章では中南米諸国における反米の動きを大きく取り上げており、米国の足元がゆらぐ可能性について、かなりの期待感は抱いていたと思われる。

また、日本が米国の海上貿易に打撃を与えても、日英のような島国とは異なり直接その死命を制することはできないことから、勝敗については以下のように述べている。

「かく観察して来ると、日米の未来戦に於ける両交戦国の主要なる部隊は、主として海上に限らるべく、海戦の如何は以て戦争の勝敗を決するであろう。日米戦争に於いては、陸軍の行動は単に海軍の補助たるに過ぎない。

そこで両交戦国の何れかが戦争に勝つ為には、先ず次の二要素を手中に握ることが肝要である。

一、西太平洋方面の海上並びに空中の管制

二、露支の双方又は一方を同盟国とするか、又は最小限度としても、好意的中立を保持せしめること」（190ページ）

ここでの主張通り、西太平洋を制圧し、中ソを味方につけた米国が日本に勝利したのは繰り返すまでもあるまいが、平時において事前に予見できていても、戦時にその想定通りにことを進めるのは簡単ではないことを示しているといえよう。

第十章　引っ張り凧の露支

前章で勝敗を分けると述べられている中ソに対する記述だが、本書は両国ともに米国側に近いとの立場であり、少なくとも外交面で日本がかなり不利な立場にあることは、著者も認識していたのであろう。

「……露支両国の側からみれば、日米戦争を利用して失われた国権や国土を回復し、又は共産主義を弘布するには、戦争の勝敗が大体目鼻がつくまで中立の態度をとるを最良策とする」（191ページ）

ここでの記述は中ソ両国が、日米戦争において米国の勝利の見通しが立てば日本に敵対する可能性が高いという立場だが、このように史実の大戦末期においてもソ連が参戦する危険性は当然認識されていたであろう。

それにも関わらず、そのソ連に連合国との和平の仲介を期待した当時の日本の外交は、追い込まれて藁にもすがる状況であったとはいえ、あまりにも稚拙であったと言えよう。

「……支那にして中立の義務を遵守する限り、日本への物資供給は制限さるるであろう。この際日本にして支那の中立を犯すならば、アメリカは白耳義（ベルギー）に対する第二の独逸（注・第一次大戦においてドイツが参戦直後に当時、永世中立国であったベルギーの中立を侵犯し、英国の参戦と国際的非難を招いたことを指す）として日本を非難するの恐れがある。されば日本としては、支那が始めよりアメリカに与し、日本に敵対する方有利のようにも思わるるが、かくすれば支那人全体を敵とせねばならぬ不利がある。日本にしてこの難関を切りぬけんとならば、支那の慢性的内紛を利用するの外はないのである」（193ページ）

石丸は日米戦が勃発した場合、中国が日本に味方する事態はまずあり得ないとの認識を持っていたことがうかがえる。

さらに第九章に引き続き、当時の中国が陥っていた慢性的な内乱状態の利用について述べられているが、後の日本は、その内乱に乗じた勢力圏の拡大を目論んだものの、泥沼に足を踏み入れ、戦費と国力を浪費し、国際的孤立を招くという最悪の結果となってしまう。

混乱に乗じて獲得した利権は、その混乱故にこそその利益を減じ、逆に混乱が収まれば返還を求められ、結局はどちらに転んでも日本の重荷になったのだ。

日本は中国における利権獲得競争においては、スタートこそ欧米諸国より大幅に出遅れたものの、地理的な位置からは有利な立場にあったといえる。だがその利点があったからこそ、より多く中国利権に対し経済的にも精神的にも依存してしまい、結果として戦前の日本は破滅への道を辿ったといえるのではなかろうか。

歴史上、「自分たちが優位にある」という認識を持っていたがためにこそ、見込み違いや情勢の変化に対応できず、かえって痛い目に遭った例は珍しくないが、この問題はまさにその最悪のものの一つであろう。

「日本と露支両国との関係は、之を善悪両様に利用するの如何により、日本の為には共存共栄ともなり、または共争共亡ともなるのである。ここを以て日本国民はこの事実を正視し、万一の場合露支両国を敵に回さざるよう、万全の策を講ずることが極めて肝要である。かくしてこそ日米戦争の夢は永久に消滅すべく、太平洋はその名の如く、真の太平洋たることが出来るであろう」(200ページ)

日中戦争が太平洋戦争へと繋がったことを考えると、ここでの石丸の危惧は逆の形で証明されているといえるだろう。だが言い換えれば、中国大陸への深入りは米国との戦争を招く危険性が認識されていながら、それを避けられなかったことが示されている。

第十一章　開戦の時期

この章のタイトルである「開戦の時期」とは具体的にいつ戦争が始まるのかについて予想したものではなく、一般論として外交交渉をしながらも開戦を決意した段階で、いつ戦端を開くのかについての分析である。

戦力の集中の都合上、開戦時期は早いほうが日本に有利であるとしつつ、不戦条約や国際連盟規約、九ヵ国条約などの制約により、日本側から戦端を開くのは難しいとし、米国にとって有利な状況で開戦に至る危険性を述べている。

第十二章　一九三六年に於ける日米海軍の対勢

本書執筆の五年後にあたる一九三六年時点での日米両国海軍の戦力、並びに日米戦勃発時に予想される決戦兵力について分析したものである。

細かい内容については割愛するが、石丸は航空機と潜水艦の発展により、当時から既に唱えられていた「主力艦全廃論」を支持する立場であり、反対意見は戦艦に対する「思い切れない執着心」によるものだとし、そして当時の日米海軍が力を入れていた戦艦の近代化改装も「無益の費用」と述べるなど、かなり痛烈な批判が行なわれているのは興味をそそる。

また、ここでも日本国内における条約反対の声を批判し、「帝国議会におけるこの種の論争を悲しむものである」と述べている。

第十三章　太平洋に於ける日米海軍根拠地

この時期に出版された軍事書籍の定番中の定番であり、石丸も「世上既に論じ尽くされた観がある」と述べている、日米の海軍根拠地についての記述である。

内容はありきたりなもので、日本は戦力的に劣るものの地の利において有利であるという、これも当時の定番の結論を出している。

第十四章　米国は如何にして日本と戦うか

この章は、米国の戦略について述べた部分である。

米国が日本艦隊の殲滅を作戦目的にするとした上で、速戦即決主義に基づき太平洋における日本の拠点を制圧して日本の政治・工業の重要地域を攻撃・封鎖し、迎撃に出た日本艦隊に決戦を強いるだろうとの認識を示している。

（なお本書では、米国が速戦即決主義であることは繰り返し述べつつ、一度の決戦で敗れても米国は敗北を認めず持久戦になると後の十七章で唱えており、むしろ短期で決着するという考えを批判している）

これは第一次大戦の教訓として戦争が長期化すれば、莫大な戦費がかかると共に貿易に支障をきたし、戦争による利益を挙げることが難しくなると共に、国民生活も犠牲にせざるを得ず、世論の支持が得られないとの考えが当時広く浸透しており、今後の戦争は長期戦になる可能性は低いとする予測がなされていた結果であろう。

史実の太平洋戦争では日米の立場を逆にした形で、日本海軍が短期決戦を目論み米海軍に決戦を強要するためミッドウェーに進攻し大敗を喫したが、やはり長年の想定を遥かに越える遠隔地への進攻には、そもそも無理があったといえる。

また、短期決戦論の根拠である「戦争による疲弊」も決して誤りではないのだが、単純にソロバン勘定だけで戦争を終わらせるのが困難なのは、第二次大戦における日本やドイツはもちろん、莫大な犠牲を出し大きく疲弊しつつも敵を打ち倒すまで戦争を辞めなかった英国やソ連、そして昨今の民族紛争など数々の実例を見ても明らかだ。

戦争が指導者層の決心ひとつで始めることができる時代においては、損得のみで戦争を終わらせることもまた可能であったろう。だが国民国家の時代では、ひとたび国民世論に火が付いてしまえば、それを抑えるのは並大抵のことではないのだ。

そして、後々の日本において中国大陸からの撤兵を困難にしたのが、まさしくその「火が付いた国民世論」であったにも関わらず、太平洋戦争では米国の世論が戦争に反対するだろうという都合のよい予測がまかり通り、一方の米国でも対日強硬論者は「日本には強い圧力をかけることこそが戦争を避ける道である」と唱えて日本の出方を読み違い、互いに戦争への道を不可避のものとしてしまう。

これらと同様に、戦後のいわゆる非武装論者は、日本が武力を持つことを戦争や軍国主義に直結させながら、その一方で他国の武力については脅威でないとやはり無理のある主張を繰り返していた。

このような事例は、「人間の持つ非合理さを合理的に判断する」ことがいかに難しいかを示しているといえよう。

第十五章　日本は如何にしてアメリカと戦うか

前章とは逆に、日本の戦略についての分析である。

ここの内容もほぼありきたりなものであるためか、ごく簡潔に記されているだけだが、通商破壊戦（文中は「貿易破壊戦」）についての記述は興味深い。

「凡そ民衆の利益が侵害せらるる場合、彼等は軍事当局と圧迫して兵理に背いた無理な行動を敢てせしむること往々にしてあるものである。アメリカに対する貿易破壊戦は、之を大局よりみれば、死命を制するには足らぬであろう。只それが軍事当局を掣肘する場合に於いてのみ、この種作戦の価値があることを忘れてはならぬ」（279ページ）

これは言い替えれば米国に対する通商破壊活動は、あくまでも国民世論を動かすことを目的として行なうべきものであり、海上交通路への攻撃そのものの価値は低いとの認識である。ならば米政府が報道管制をしけば、世論に対する効果がほとんどないのは明白であり、通商破壊活動の意義は低いと考えるのは当然の帰結であろう。

さらに陸軍の任務についても述べているが、陸軍の役目は中ソ両国を日本側に立たせるべく外交の一環としての役目を述べているだけであり、日米戦においては極めて限定された価値しかないとの認識を示している。

第十六章　ロンドン条約を破棄せよ！

この章は、日米双方のロンドン条約への反対の声を取り上げたものである。

ロンドン条約は、調印した日米英の三国ともに海軍が必要だと主張していた戦力を下回る数字で調印されたため、大きな議論を引き起こしていた。

ここでは、米国における「日本六割比率論」と日本の「対米七割論」を取り上げ、互いにそれが満たされなかったことによる非難の声を取り上げ、どちらも強く批判している。

特に日本海軍の軍事参議院による条約反対の上奏文を取り上げて、その内容を「三百代言的（注・「詭弁」の意）」と表現するなど、石丸が己の職場である海軍内部における条約反対の動きにも容赦ない舌鋒を向けている点は興味深い。

そしてこの章の結論として、「軍人が軍事上の技術にのみ没頭するところでは、所詮国家の大は望まれない」と軍人が大局を見ず、軍事に偏重することに警鐘を鳴らしている。

ただ、このような発言ができたということは当然、逆の立場、すなわち軍備偏重の立場からの発言も大っぴらに行なわれていたということでもあり、良くも悪くも軍人の政治的発言がかなり自由に行なわれていた、当時の世相がうかがえる。（なお、戦前の現役軍人は、発言こそかなり自由ではあったが選挙権はないなど、実際の政治的活動には厳しい枠がはめられていた）

第十七章　日米何れが勝つか？

ここでは日米戦の勝敗、というよりは主として「日米戦に於いて予想される艦隊決戦の行方」について論じている。

当時は日米双方ともに、艦隊決戦によって相手国の艦隊を撃破することで勝敗を決することを想定しており、石丸も当然ながら最大の関心を払っている。

本書では、米国は先述の通り速戦即決主義で艦隊を進撃させ、決戦を挑むとの認識を示しながらも、速戦即決か持久戦かについては以下のように述べている。

「アメリカは、潜勢的戦闘力を多分に持合す国である。見よ。その富に於て、その物資に於てその人口に於……日本に幾十倍している。然も尚持久戦を避けて、速戦即決を求めねばならぬとすれば、日本がヨリ以上に持久戦を避けねばならぬのは一目瞭然であろう。

論者或は云う、日本は持久戦敢て恐るるに足らないと、果たして然るであろうか？　近代の戦争は『武士は食わねど高楊枝』式の虚勢では、どうすることも出来ない。第一に日本は他給他足の国ではないか。戦争に必要な材料は素より、日常生活の食料品でさえ、外国よりの輸入に依頼しつつある。その経済力は極めて乏しい、況んやその周囲には、機会だにあらばアメリカと握手しつつ、日本に飛びかからんとする、露支の両国を控えて居るのである。思うに持久戦となれば、世界を混乱せんと待構えて居る、ソヴィエト・ロシヤの共産主義者等は、時こそ来れりとばかりに毒牙を延ばすであろう。又英国の如きも、アメリカ側に与して、日本と戦う機会を益々濃厚にするであろう。かかる状態に於て、日本が持久戦に堪え得るものと考えたならば、それは蓋し恐ろしい誤想である。

之を日露戦争の例に見るも、日本は僅か二十ヶ月で、へどへどになり、講和を望んだものは露国ではなくて寧ろ日本ではなかったか」(315～316ページ)

このように持久戦は日本にとって不利であるにも関わらず、米国が速戦即決主義を取ることは日本に有利だとしている。

ただ、米国がそれを選択する理由として、「長期戦による疲弊」に加え「米国人が熱帯地方での長期での戦いに適しない」ことを挙げているが、現実の太平洋戦争を考えれば見通しが甘かったといわざるを得ない。

湾岸戦争の時にも、「米軍はイラク軍と違い砂漠での戦いの経験が少ないので苦戦する」という主張が広く唱えられていたのと通じるところがあるだろう。

また、日露戦争について「講和を望んだものは露国ではなくて寧ろ日本」とあるように、ポーツマス条約調印時には猛烈な反対論が日本全土を覆ったが、それから四分の一世紀を経た昭和初期には、かなり冷静な意見が受け入れられるようになっていたことが分かる。

残念ながらそのような認識は、対米戦争において生かされなかったが、己が当事者であるときに、大局を見て冷静な判断を下すことの困難さを示しているといえよう。

「仮に上述した西太平洋の迎撃戦に於て、日本は大勝利を得たと仮定してみよう。アメリカは、果たして兜を脱いで我軍門に下るであろうか？　支那に対するその政策を放棄するであろうか？　何事にも世界一と己惚れ、戦争の有ゆる要素に於ても、これ亦世界一と確信して居るアメリカ人が、この一戦により、戦争継続の意志を放棄するものとは、断じて信ずるを得ない。彼等は更に捲土重来の準備をなさんが為め、あらゆる手段を惜しまぬであろう」（322ページ）

このように著者は日米戦が結局は持久戦になると述べ、そうなった場合については「日米戦争を拡大して第二の世界大戦とし、万一を僥倖する」しか手段がないと述べている。結局のところ対米戦は日本独力での勝算はなく、他者頼みにならざるを得ないことが一応は理解されていたのであろう。

だがそれ故にこそ、後にナチスドイツへの過剰な期待と過大評価が行なわれ、国策を誤ったように思えてくる。

また現代の感覚からすれば、「日本が対米戦争に勝機を見いだすために世界大戦を引き起こす」と主張するのはあまりにも自国中心的であり、また同盟国でもない国の参戦を期待するのはご都合主義的といわざるを得ない。

そして艦隊決戦においては米海軍が戦力に勝りつつも、日本より多くの戦力を後方での活動に割かねばならず、また日本は根拠地が近く地の利が得られることから、結果についての予想は五分五分であり、勝敗の行方については疑問であると結論している。

しかし、引き分けに終わった場合でも日本が有利だとしつつ、米国は第二期作戦の準備を整え、二年後には日本の二倍以上の海軍力を持って侵攻してくるとの予測を示しているが、その時の勝敗についての予測は以下の通りである。

「見よ！　日本は西太平洋に進出せんとする、アメリカ艦隊の為に、最も有利な根拠地であるフリッピンとグワムを、確実に掌中に握って居るのみならず、外方の哨線を哨戒せしむる無数の軽艦艇と、その根拠地たるべき、これ又無数の前進根拠地を持って居るではないか。（中略）果たして然らば、アメリカ艦隊は、例え数に於て優勢なりとしても、勝敗の趨は未だ以て容易に余談を許さざるものと言わねばならぬ」（343～344ページ）

ここでは米艦隊が戦力的な優位を得ても日本に勝算はあるとし、仮に米艦隊が勝利を収めたとしても多大な被害を受け、日米共に莫大な戦費を浪費し、貿易に大きな打撃を受けることから痛み分けになる「無益の戦争」であるとの結論が示されている。

米国の強大な国力について認識した上で、長期戦における不利を唱えながらもこのような主張を唱えている理由は、バイウォーターの『太平洋戦争』のように「長期戦になって日本は米国の国力の前に敗れる」と唱えた海外の「日米未来戦記」に対する反発があったことに加え（石丸は大正十五年に『バイウォーター太平洋戦争と其批判』を執筆して『太平洋戦争』

の内容を否定している)、自身が現役の海軍軍人であり渡洋侵攻の困難さをよく理解していたからこそ、それが固定観念となってしまい、逆に可能になった場合についての想定を最初から考慮の対象外としてしまったからではないだろうか。

第五篇　日米戦争より第二世界大戦へ

第十八章　漁夫の利を狙う英国

ここで日米戦における英国の行動について論じているが、第五章で米英の対立を論じてはいながらも、この章では英国は日米が戦争で疲弊するのを歓迎しつつ、最終的には米国側に立って参戦するという見通しを述べている。

これは中国市場を巡る日本との対立、オーストラリアやニューギニアなど英連邦諸国が日本を脅威視し米国に接近していることを根拠に挙げ、シンガポール軍港の整備も日米戦に備えたものであり、英本国は漁夫の利を得るため参戦には慎重な立場を取るだろうが、太平洋における英連邦諸国の要求に引きずられて参戦すると結論している。

第十九章　第二世界大戦へ

前章で述べた英国の参戦が、第二の欧州大戦へと繋がる恐れについての説明である。

まず欧州がフランス、ポーランド、ベルギーなどの現状維持派とドイツ、イタリア、ソ連などの現状破壊派に分かれており、英国がその抑えとなっているとの認識を示した上で、英仏、仏独の対立や民族問題、ソ連の脅威など欧州の不安定な状況について言及している。

第一次大戦の惨禍を繰り返さないことを目的としていたはずの、いわゆる「ヴェルサイユ体制」は、ドイツに対する過酷な賠償など多くの問題を内包していた結果、ナチスの台頭を招き、わずか十数年で崩壊して第二次大戦を引き起こすことになるが、ここでは英国の日米戦への参戦がその問題を噴出させるきっかけとなり、再度の世界大戦に繋がると予測している。

だが、その後の情勢を見れば決して的外れとはいえないまでも、本書は前半部分で「戦争よりも国際協調の時代となった」との認識を繰り返し示していたはずであり、欧州とは地球の反対側といって良い太平洋での戦争が大戦の引き金となるほどまでに欧州情勢が危ういと唱える、ここでの記述は少々矛盾を感じさせるものだ。

石丸の意図は不明だが、一般論として不安を煽った方が注目を浴びやすいこと、そして第十七章に記された「日本が勝利するためには日米戦争を拡大し第二次世界大戦にするべき」との主張が、このような大げさな表現に結びついたのではなかろうか。

欧州以外ではインドの独立運動や中南米の反米運動について大きく取り上げており、以下のように評価している。

「英国にして日本に反旗を掲ぐる限り、日本の熱烈なる同情と援助とが印度人の独立運動の上に注がれないとは何人も断言するを得まい。英国の参戦は、一歩を誤れば、その宝庫たる印度をも失うものであることを、英人は胸に手を当てて考えねばなるまい」(399ページ)

「メキシコ人の一部には、日本に対して非常な好感を持つものがある。恐らくこれはアメリカに対する反感から起こるものであろう。そこでアメリカでは墨国内の日本人の活動に対して特に目を光らして居る。かような関係もあるので、日米戦争となれば、日本が支那に手古摺ると同様、アメリカも亦墨国の為に苦しめらるることは想像に難くない」(402ページ)

「かように中南米の諸国は、合衆国に対して反感を抱いている。(中略)果たして然らば、日米戦争を利用して、これらの諸国が蹶起する可能性も、確かに存するものと考える事が出来る」(409ページ)

この部分については、あまりに考えが甘すぎるといわれても仕方がないだろう。結果論を抜きにして、同時期の他の書籍を見てもインドの独立運動はまだしも、メキシコはじめ中南米諸国が米国に歯向かう可能性を期待するものはほとんどない。これまでかなり合理的な主張を述べてきた石丸が、このような想定をしているのは意外ですらある。

恐らく欧州の場合と同様、自説を補強するため誇張をしているのに加え、石丸がそれらの地域にあまり馴染みがないため、一部の動きに目を奪われてしまい大局を見逃しているのではないだろうか。

これは現在でもときどき、海外の反米的な勢力から、「原爆を落とされた日本が何故米国と同盟しているのか」といわれることがあるのと、似たようなものかもしれない。

第六篇　目醒めよ日米両国民！

第二十章　無益な日米戦争

ここでは日米戦争についてタイトル通り、いかなる結果になろうとも互いに疲弊する無益な戦争であることを主張している。

「戦争に依って市場を拡張し得る可能性が著しく減ったことも、争われない事実である。英仏などの戦勝国が、植民地乃至は半植民地に対して、政治的経済的の自立発展をなさしめつつあるのは、その何よりの証拠ではないか。日米戦争の結果、戦勝国が植民地の獲得に依って、母国の経済上に莫大な利益を齎し得ると考える者があったならば、それは寧ろ妄想であろう」（416ページ）

このような認識を示した上で莫大な戦費や貿易上の損害に加え、再度の戦争の危険も残り、日米戦がいかに愚かな選択であるかを説いている。

これまで幾度も繰り返されてきた主張であるが、その危惧とは裏腹にこれ以降の日本は満州事変を始め武力による経済圏の確立にのめり込んで国際的孤立を招き、それがさらなる独自経済圏確立の必要性を生むという悪循環へと繋がり、太平洋戦争へと至ることになる。

第二十一章　世界平和への道

この最後の章では戦争の規模の拡大と技術の進歩により、戦争の惨禍は大きくなる一方であり、人類は戦争そのものをなくすべきである、と説いている。

無論、即座にそれが可能になると主張しているわけではないし、また「軍備が平和保障の或種の方法」であるのも認めており、決して一足飛びに平和が成し遂げられると唱えているわけではない。

そこで石丸は、各国の国民が軍備の保障を頼む心を捨て「平和の冒険」により世界平和を成し遂げるよう主張している。

「時世は進む、その進むに従って人の考えもまた変わってくる。この新たな趨勢に目を掩い、徒に旧思想を墨守して、敵本主義を振り回し、明日にも戦争が起こるように考えて、軍備以外に平和の途があることを知らざる国民は、これ明らかに自らを滅ぼすものである」（422ページ）

この認識そのものは間違いではないし、その後の日本を考えれば適切な主張といっていい。

だが、「人の考えもまた変わってくる」のであれば、当然ながら世界の趨勢が戦争へと向かう状況もありうるはずであり、場合によっては「平和の途」が旧思想扱いとなりかねない点を見落としているのではなかろうか。

たとえば第七章では、「独占主義・排外主義が戦争の発起を余儀なくする」と唱えているが、裏を返せば経済のブロック化により「独占・排外」が世界を覆ったからには、「これからは戦争を余儀なくされる時代」という論理もまた成り立つことになる。

恐らく石丸は、「人類はその進歩により近い将来には戦争を克服出来る」という素朴な進歩史観を抱いていたのであろう。

だが二十世紀に「新たな趨勢」として世界に広まった社会主義が、それ自身の内包する問題を解決できず、「旧思想」と見なしていた資本主義に先んじて「時代遅れ」となり消滅しようとしているように、「歴史の流れ」が単純な一方向ではありえないことを忘れた進歩史観は、相反する現実が生じたとき往々にして対処の術を失い、破綻を来す。

そして、平和の名の元に行なわれたナチスドイツへの宥和政策が失敗して第二次大戦を招き、また冷戦の終結後には民族紛争とテロの時代を迎えたように、残念ながら人類に「平和の時代」はまだまだ訪れそうにないのは確かであろう。

【総括】

本書の内容は大筋において妥当であり、史実の太平洋戦争に至る経緯を考えれば、その過ちを的確に予想し警鐘を鳴らしているといえる。しかし「特殊権益」に対する過剰意識のように、当時の「国際協調路線」の問題点を感じさせる部分が見受けられるのも確かだ。

ただし中国に於ける利権の獲得は、そのきっかけとなったアヘン戦争（一八四〇〜四二年）以来、本書執筆まで約九十年の間、すなわち当時のほとんどの人間にとっては、自分が生まれる前からずっと世界の列強がしのぎを削っていたのである。

つまり、当時の感覚では「中国で利権を得る」のは当然であり、また現在ほど自由貿易が浸透しておらず、海外の市場並びに資源を確保することも今より遥かに難しかった当時の状況下での判断を、世界的な自由貿易体制の恩恵を享受している現代の日本人の視点から単純に批判するのは無意味だろう。

そして、「特殊権益」は当時の日本にとっては必要不可欠な存在だと受け止められるとともに、国の命運をかけた日清・日露戦争により、大きな犠牲を払って勝利した結果として獲得した、との意識が強く、さしずめ戦後日本におけるかつての「憲法九条」のごとく、その是非を公に論じることすら憚られるような存在になってしまい、その利権を守るためにますます大陸に深入りを余儀なくされることになったのだ。

国家の生存のために必要不可欠ということで重視された存在そのものが、重視され過ぎたが故にこそ国家を滅亡の縁にまで追いやる原因となった皮肉は、現在の日本においても決して忘れてはならない教訓であろう。

それともう一つ、戦後日本におけるいわゆる「空想的平和主義」との共通点は興味深い。もちろん、石丸は現役の軍人であり、「軍備の全廃」や「非武装中立」「いかなる場合でも戦争は悪」といった非現実的な主張をしているわけではないし、個々の論もその大部分は合理的なものである。

だが、「国際協調の時代であり世界は平和への道を歩んでいる」と繰り返しておきながら、その一方で戦争の危機を強調する、また中南米における反米のように一部の動きを大げさに表現し、技術進歩による戦争被害の拡大に対する憂慮から戦争そのものの廃絶を訴える、などに共通する部分が見出せる。

この原因は、「人間の理性に対するご都合主義」によるものではなかろうか。

たとえば石丸に限らないが「戦争の廃絶」を唱える人物は多くの場合、その根拠として「技術の進歩により戦争の被害が拡大し続け、それによりいつしか人類は滅亡する」という主張を唱えている。

これは、人間が際限なく流血を拡大する存在であるとする「理性に対する疑念」を前提としたものであり、確かに紛れもない一面の真理ではあろう。

だが、実際に「戦争の廃絶」を行なうには、世界各国の政治家はもちろんのこと、その政治家を選出する国民の大多数が常に理性的で穏当な選択をする、という前提条件なくしては成り立たないが、現実の国際社会においてその前提からかけ離れた事象が多々存在していることは、誰の目にも明らかである。

つまり、「戦争の廃絶」は「理性に対する疑念」をそのスタートラインとしておきながら、ゴールにおいて「理性に対する最大限の信頼」が必要となるのだ。

これがどれだけ矛盾しているかは明らかだろう。だがこういった「理性に対するご都合主義」は、現在でも頻繁に見られる現象である。

人間は時として己自身、己の主張こそが最も理性的だと考えつつ、同時に異なる立場の理性を過小評価する。そしてそれ故に現実の存在を悲観的に評価しつつ、己の寄って立つ理念に幻想を抱き、その非合理性を軽視して最終的に大きな過ちを犯すのだ。

石丸藤太 著

『昭和十年頃に起る日本對世界戦争』を読む

昭和七年五月発行
日月社

『昭和十年頃に起る日本對世界戦争』——目次

本書は、『日米果して戦うか』の翌年、満州事変により日本を取り巻く国際関係が激変しつつある状況下で書かれたものである。

本書出版直前の昭和七年三月には満州国の建国が宣言され、そして翌八年三月には日本は国際連盟を脱退し、著者が繰り返しその必要性を訴えた国際協調に反する道へと突き進みつつある時期であり、政治的な主張は前書とほぼ共通しているが、「日本の国際的な孤立」について繰り返され、当時の情勢に石丸が危機感を持っていたことがうかがえる。

第一章　日本対世界戦争の切迫

「孤立日本の最後の幕を飾る日本対世界戦争は、一九三五年（昭和十年）後に迫りつつある。否若し現在の日支紛争に重大な影響を及ぼす何事かが更に突発するならば、世界戦争破裂の時期は尚一層早まるかもしれない」（1ページ）

このように本書は、「三年後には日本は世界との戦争に突入しかねない」というかなり衝撃的な予測から始まっているが、満州事変とそれに伴う国際対立が、それを予期できるはずもなかった石丸には、大きな衝撃だったのであろう。

「対日経済封鎖論が全米内に漲り、一部の米人が事実に於て日本に対する経済絶交を断行したのは、これ確かに非公式の対日宣戦であった。国際連盟の音頭をとる米国の行動は、連盟自身が米国に対日圧迫を哀訴した以上、連盟が之を好むと好まざるとに拘らず、米国に引摺られるのは自明の理である。かくて一方には、日本、他方には米国を旗頭とする連盟との間に、世界戦争は将に起こらんとしたが、日米両国当局者の冷静なる自制、就中大局の判断を誤らなかった我が為政者の賢明なる措置は、漸くにしてその火を消し止めた」（2ページ）

さすがに「非公式の対日宣戦」は大げさにしても、石丸が日米戦争は間近かもしれない、と受け止め危機感を抱いていた様子がうかがえる。

また、現在においても米国に敵対し、国際連合からも圧力をかけられている国家がこれと近い認識を抱いているのもよく報道されることである。

少なくとも満州事変の段階で、日米は互いに戦争をする意志はなく、あくまでも平和的な枠組みの中で事態を収拾するつもりであったことから、戦争までには至らなかった。

しかし、石丸は昭和十年以降、海軍戦力の充実により米国が日本に圧迫をかけてくる可能性について言及した上で、以下のように述べている。

「論者或は云う、然らば今に於て戦うを可とせぬかと。凡そこの種の論法ほど俗耳に入り易いものはない。併しながらその危険なるに於て誇大妄想狂と同一なるは次に説く所によって明らかであろう。

（中略）

之を外交上から云えば、満州上海事変に於て世界を敵側に廻はし、文字通り孤立日本の苦境に陥った我が外交戦術は確かに拙劣の極みであった。然しながらことの玆に至ったのは外務当局のみその責を負うべきものでないことも知らねばならぬ。否後説するように外務と軍部の調節がとれず、之を統制すべき時の政府が無気力にして、重大なる危機に処する用意を怠ったからである。この苦き経験を嘗めた政府と外務が嚮日の過を再びするものとは我等は信ぜない。若しも日本にしてかかる過を改め、軍部はその分を守り、世界の趨勢に逆行することなく、我が公正なる立場と平和の精神を世界に示すならば、連盟に於ける一部の空気は今日よりも確かに緩和さるるであろう」（5〜6ページ）

現在では周知の通り、満州事変とそのきっかけとなった柳条湖事件は関東軍の暴走によって引き起こされたもので、日本政府はもちろんのこと軍中央にとってすら寝耳に水の事態であった。このため、日本政府に「重大なる危機に処する用意」などあるはずもなく、国際的立場を悪化させてしまったのである。

加えて世論の後押しのため暴走を追認してしまったことにより、軍内部に「政府や軍中央を無視しても戦果さえ挙げれば認められるのだ」とする下克上の風潮を生み出したことで、

「嚮日の過を再び」どころか、日中戦争ではかえって拡大する羽目に陥ってしまう。

無論、石丸にそのような事情が分かるはずもなく、政府を批判しつつも「世界の趨勢」である国際協調路線に期待を抱いているのが分かる。

第二章　満州事変の勃発

この章はタイトル通り満州事変について当時、石丸がどのように受け止めたのかについて書かれている。当時の中国は日本を含めた外国の利権に対する反発が強く、日本人に対するテロも頻発していた時期で、日中双方が互いに対する悪感情を積み重ねていた。

このため事変勃発時には石丸を含め、多くの日本人が喝采を送ったことが述べられているが、石丸は事態の進展に伴い、軍部の独断先行と政府の無策に対し不安を募らせていった様子である。当時、喝采を送る人間が大多数だったのは間違いないが、「どこまでやるのか」と不安視する向きも少なくはなかったのであろう。

「軍部が政府を出し抜いて独断先行をやり、又は外務当局に無関係に勝手に行動することは、危険でもあり列国の同情を失う所以でもある。現に連盟が日本に楯ついたのは一面この理由ではなかったか。日本軍の行動するところ、その背後に政府と国民があり、軍の行動はこの政府と国民の意思を代表するものでなければならぬ」(22ページ)
「満州に於ける日支の関係が非常に切迫して居るにも拘らず、之を成行きに任せるだけで進んで解決しようともせず、国論を統一して軍部を指導せねばならぬ重大の時期に、政権に恋々として却て軍部の為に引摺らるるという醜態と無気力を暴露した政府こそその責を負うべきものではなか。若槻首相は満蒙の権益問題に関しては断固たる措置を執ると国民の前に公約した、然らば実際に於ては事前の準備として何が為されていたか？満州事変の突発に依て暴露されたその回答こそ、余りにも明白な事実である」（23ページ）

ここでの軍および政府に対する批判も正論ではあるし、当然ながら同様の批判は当時から少なからず存在したであろう。それにも関わらず、これ以降も政府は軍の統率に失敗し続け、最終的には太平洋戦争へと突入してしまう。

そのような事態を招いてしまったのは、当時の体制では「統帥権の独立」に加え、首相が「大臣の筆頭」に過ぎず、戦後のように他の大臣を任命・罷免する権限がないことで内閣が弱体であり、さらに政党政治の浸透による政治家の世論に対する迎合と、議会における目先の政争が国民の支持を背景とした武力行使を是認してしまったのだ。

明治時代より民主主義の進展した昭和時代の方が、というより民主主義が進展したからこそ、政府が大局的見地から軍事や外交を統率することが困難になってしまったのである。

これは、大日本帝国憲法が公布から約四十年を経て、時代に合わなくなってきていたにも関わらず、その改正を行なわなかったことが原因といえよう。

さらに石丸は、満蒙の豊富な資源や有望な市場、ソ連との緩衝地域としての軍事的意義を述べ、日本の経済と国防の双方にとって必要不可欠な地域であることを説明した上で、当時の中国の日本に対する条約違反やテロを非難しているが、それが当時の国民世論の多数派に近かったのであろう。

豊かな現在の日本人の感覚でいえば、そのようなテロが頻発する地域に資本を投下するのは非現実的であり、早々に撤退すべきという意見を持つ人間が多いだろうが、それは自由貿易や国際通商が遙かに進捗した後世の人間だからいえることなのである。

とはいえ石丸は、ここで「幣原式国際協調主義」と「軍部の力主義」の両者を紹介した上で、ここでは前者を「世界の趨勢」、後者は「時代遅れ」と表現しており、現役の軍人である石丸によるこのような主張は、当時も単純な図式では語れない、多くの意見が出ていたことをうかがわせる。

「……今度の満州事変では、我が軟弱政府はこと毎に軍部と意見を異にし、然も軍部を抑え得る知と勇が無かったため、在満軍事機関は政府の方針如何を顧みることなく、関東軍司令部の有する統帥権を振りかざして、彼等の所信に独往驀進し、底止するところを知らずという有様であった。然るに統帥権の前には総理大臣と雖如何ともするを得ないので、政府はそうした軍事行動に手の下しようもなく、唯だ軍部に追従して跡始末に奔命したというのが事実の真相である」（66ページ）

「ロンドン海軍条約で政府対軍部の争いを惹起した我が統帥権問題は、ここに至て対内的の垣根をこへて対外的問題とまで進展した。憲法学者が時世の進歩につれて眼を開かねばならぬところはここにある。然も我が軟弱政府には、如何にして之を調和するかの研究も準備もなかったのであった」（67〜68ページ）

いわゆる「統帥権の独立」を掲げる軍部に対し、政府が有効な手立てを講じることができていないことが、既に周知の事実であったことが分かる。

だが統帥権がここまで深刻な問題であるなら、当然のことながらその根拠たる「大日本帝国憲法の改正」が考えられて然るべきだろう。だが「憲法学者が時世の進歩につれて眼を開かねばならぬ」とあるように、ここでの石丸の主張はいうなれば「解釈改憲」を求めるもので、明文を改めることは考慮されてない。

前著『日米果して戦ふか』において「軍部の独走」を繰り返し強い口調で非難し、「国際協調」を説いてきた石丸ですら改憲を口にできないのは、日本を「世界の大国」の地位にまで押し上げた過去の実績から、「大日本帝国憲法は不磨の大典」とする意識があったことが主因なのだろう。

憲法もいってみれば「国家運営のための道具」でしかないにも関わらず、「憲法教」とでもいうべき考えが蔓延し、正面から論じることすら忌避されるこのような傾向は、戦前戦後を問わず日本人の一貫した性質、というより病理であるとすらいえる。

第三章　日本対連盟の正面衝突

ここでは、満州事変に関する国際連盟と日本の対立について、著者の見た事態の推移を並べている。

満州事変勃発当初は、中国で一部が過激化していた国権回復運動に日本以外の国も手を焼いていた事情があり、国際連盟は日本に対してもある程度、理解ある態度を示していた。だが、日本政府が不拡大方針を訴える中で行なわれた綿州爆撃（昭和六年十月八日、中国軍が奉天を放棄した後の根拠地となっていた錦州を、日本陸軍機が爆撃した事件）と軍部の強硬な主張により、連盟側は態度を硬化させてしまい、幣原喜重郎外相の国際協調路線を崩壊させることとなる。

また、重要な点として連盟が事態収拾のため、十二月一日に提案した決議の文面にある、「積極的行動を執らざるよう、各自国軍司令官に厳格なる命令を発する」について、日本側が「統帥権に抵触する」と難色を示し、修正を求めたことが記載されているが、このとき日本政府は統帥権を楯にとった軍部を抑えることができないばかりか、それを対外的な交渉材料にまで使っていたのだ。

このように国内の政争に留まらず、国際的にも目先の駆け引きのために「統帥権」を掲げた近視眼的な行為が、軍の独走に正統性を与えてしまい、さらにそれを後押しするという悪循環となったことがうかがえるだろう。

加えて、日本政府が表向き不拡大方針を口にしながら、占領地を拡大する軍部の行動を掣肘できないとする態度が、国際的な不信感を買ったのも間違いない。

また石丸は、外交面での失策や軍の強硬路線は非難しつつ、中国軍が「便衣隊又は土匪」となって治安を乱し、在留日本・朝鮮人に危害を加えている点を挙げて武力行使そのものは支持しているが、日本軍の武力行使が中国側の反発を招き、さらなるテロ行為を招いていたのも一面の事実である。

事情は異なるが、「テロ対策のための武力行使が、さらなるテロを招く」と批判されつつも、国民の支持を背景にして強硬な手段を執る、昨今の米国やイスラエルなどと共通点があるといえるだろう。

第四章　巻き込まれた上海事変

昭和七年一月に勃発した上海事変について述べているが、タイトル通り、その内容は主に日本は中国の挑発により武力行使に走り、国際的な非難を浴びたという図式で論じられている。

現在では、この事変も日本が満州事変から国際社会の注目をそらすために仕組んだとされるが、無論その時点で日本国民は知る由もなく、石丸は中国側の無法を批判し、また圧倒的に数に劣る海軍陸戦隊の奮戦に賞賛の声を送っている。

詳しい内容は割愛するが、国際社会全体としての日本批判は当然ながら、国際連盟において小国側は原則論による日本批判が強いのに対し、英仏など大国はどちらかといえば日本に宥和的だった。これは大国側には貿易拠点である上海における紛争を一刻も早く調停する必要があったこと、加えて世界に点在する自国利権確保のための武力行使に対するフリーハンドを得るため、厳しい措置を執る前例を残したくなかったからだと思われる。

第五章　横槍を入れる米英

満州・上海両事変における英米両国の行動についての説明である。

もちろん、国際協調主義を唱える石丸は単純に敵と認識しているわけではなく、両国にも色々な思惑や意見対立、外交方針の揺れがあることは述べているが、全体として英米が協調し中国側に立って日本に圧力をかけるという、その後も繰り返される図式が示されている。このような積み重ねが日本国内に十年後の対米英宣戦布告にまで至る感情的な下地を造っていったであろうことは想像に難くない。

第六章　次の大戦の原因

「凡そ今日の世界に於て、日本程広く世界に憎まれて居るものはない。若し仔細に調べたならば、その憎まれ方は或は大戦中の独逸以上であるかも知れない。只だその世間に知れないのは、我が新聞紙が之を黙殺するからであろう」（249ページ）

このいささか過激な書き出しで始まる第六章では、まず日本の国際的な孤立に警鐘を鳴らし、「熟慮と反省」を求めている。そして満州・上海の両事変（日支事変）において日本が非難された点として、以下の六つが挙げられている。

「1日本は紛争解決の平和的手段をとらず先づ武力に訴えた、2日本軍の行動は自衛権の範囲を逸脱した、3日本は武力の圧迫の下に日支直接交渉をやらんとしている、4日本に於ける統帥権の独立は世界平和を乱すものである、5日本は支那の領土的行政保全を侵犯した、6日本では軍部が政府を引摺って外交を左右する」（250ページ）

現代でも当時の日本について広くいわれる批判とほぼ共通したものであるが、このうち4に対する石丸の見解は興味深い。

「統帥権の独立が、時代遅れの思想であり、之を国内的に見れば二重政府の樹立という珍妙にして有害なものとなり、之を国際的にみれば、軍部と政府の無統制となりて、ここにも亦極めて有害、延ては世界の平和に悪影響を及ぼすことは既に之を述べた。（第二章四参照）満州事変に軍部の功大なることば（ママ）何人も之を認むるに吝ならないが、然しながら統帥権問題に関する限り、日本の嘗めた苦痛は測り知る可らざるもので、ここに目醒めない限り、将来の禍根を更に倍加するものと謂はねばならぬ」（254ページ）

このように「統帥権の独立」が内政・外交両面に大きな悪影響をもたらしていることについて強い批判を行ない、将来に向けて警鐘を鳴らしているが、海軍少佐の石丸ですらこのように認識していたということは、当時から同様の見解を持っている人間が少なくなかったことを示しているといえよう。それにも関わらず、これ以降「統帥権の独立」は暴走を続け、ここでの危惧通り最終的には大日本帝国を破滅に導いてしまう。

これは、責任ある立場の人間が、深刻な対立を招きかねない憲法に関わる問題については先送りにするという、戦後と同じ構図が繰り返されたからだろう。

そう考えると戦後数十年にわたって繰り返された「解釈改憲」、すなわち「深刻な対立を避けつつ、実質的に憲法の問題点を改める」という手法は、その善し悪しはともかく「戦前の反省」に基づいたものであったといえるかもしれない。

続けて石丸は当時、建国宣言を行なったばかりの満州国が世界大戦の導火線になりかねないことを心配しており、満州国建国に明確に反対しているわけではないにしろ、日本の国益という観点においてはかなり疑問視していた様子がうかがえる。

結果論からいえば、満州国そのものは直接大戦の原因となったわけではないが、本書出版後に出されたリットン調査団の報告を拒絶して、日本が国際連盟を脱退したことが国際的孤立を加速させ、後の大戦の遠因となったことを考えれば、決して的外れでもあるまい。

第七章　各国の向背

前著同様、次の大戦では日米が中心となるとしつつ、米国が国際連盟を味方にして日本と戦うであろうとの予測が示されている。

史実の太平洋戦争開戦時点で国際連盟は既に崩壊していたが、現在の国連における米国の態度を考えるに、米国が敵対勢力を「国際協調」の名の元に封じ込めようとしているのは当時から変わらぬ方針だといえるだろう。

「この故に米国が連盟と協同して、連盟から充分なる経済的及武力的援助を期待し得るならば、日本対世界戦争は問題とはならぬ。否連盟中の一部の国々が日本に対する経済封鎖に参加し、英仏等が極東方面に相当有力な空軍を送り、又英国がその海軍力の三分の一を以て米国海軍と協同してさえ、日本の勝算は先づ覚束ない。かかる事実の前に眼を掩いて、日本は世界を敵とするも敢て恐るるに足らずと自負する如きは、これ明かに国を滅ぼすものである」（264～265ページ）

このように、国際的に孤立した情勢での戦争は自殺行為だと厳しく諌めた上で、フランスやソ連と協同する必要性を唱え、英国も潜在的な米国の味方だとしつつも、その利益を擁護し積極的な行動を抑えるべきだと説いている。

無論、仏ソ両国が簡単に日本と手を組むわけがないのは石丸も理解しており、特に「日仏の提携を策することは難事中の難事」として「日露の接近は日本にとり益々緊要となる」ことを強調し、日本国内にあるソ連を敵視する言動を「遺憾である」と批判している。

前書で膨張政策を続けるソ連を脅威視し、本書の第二章にてその緩衝地帯として満州の重要性を唱えながら、同時に日ソ両国の提携を強調せざるを得ないところに、孤立の進む日本における国際協調路線の行き詰まりがある、というのはいいすぎであろうか。

そして、そのような閉塞した状況にあることが認識されていたからこそ、同じく国際的に孤立の道を歩んでいたドイツやイタリアとの同盟へと傾いていった心理がうかがえる。

第八章　戦争の合図——対日経済封鎖

ここではまず「経済封鎖」がいかなるものか説明した上で、当時の日本における経済封鎖楽観論を諌めるところから始まっている。

「今日に於ける我国一般の世論を見るに、日本は経済封鎖を受けても自給自足し得るという楽観論で満たされ、国民も亦安心して居るようである」（277ページ）

かくのごとく経済封鎖を受けても大丈夫だとする意見が、一般に広まっていることを述べた上で、第一次大戦や上海事変における輸出停止や対日ボイコットによる打撃を挙げ、さらに日本の資源の貧弱さ、および輸出停止による損失など、経済封鎖により「国民の生活は圧迫され、一歩を誤れば社会的危機を孕む危険がある」と、楽観論を諌めている。
史実を見ると米国の対日封鎖、特に石油の禁輸が日本の対米参戦に決定的な影響を与え、また資源確保のために東南アジアに進攻したように、むしろ経済封鎖の影響を深刻に受け止めていたからこそ、日本が太平洋戦争に突入したことを考えると、皮肉な話である。

第九章　一九三六年に於ける列国の兵力

タイトルには「一九三六年」とあるが、それを想定しているのは海軍だけで、陸空の戦力については一九三二年時点での分析であり、内容を要約すると以下の通りである。

海軍：一九三六年末の時点で日米はほぼ互角。
陸軍：日本陸軍の戦時における動員兵力は、極東における中ソ陸軍の合計に相当しており「陸上に於ては敢て恐るる必要はない」との結論を出している。
空軍：米英はもちろん、フランス、イタリア、ソ連と比較しても劣勢であり「我が空中兵力の拡張は何よりの急務である」と警鐘を鳴らしている。

ここで唱えられている優先順位としては「空・海・陸」となり、陸軍の評価については楽観的に過ぎるきらいがあるものの、これが史実の太平洋戦争後期における順位と共通しているのは、やはり当時の日本の置かれた状況に鑑みれば必然的な結論であったからであろうか。

第十章　日本対米英戦争の作戦計画

日本と米英両国が戦争状態に陥った時の、互いの外交、戦略、作戦についての分析である。当時の趨勢であった「艦隊決戦による敵艦隊の殲滅」が両軍の基本戦略だと述べ、艦隊決戦までに両軍が執るであろう行動についての予測である。

内容についてはありきたりなものであるが、戦力的に劣る日本海軍が勝機を見出すには先手を打つ必要があるにも関わらず、そうすれば米国は日本の行動を非難し「世界をして日本に反対せしめんとするや疑いない」と述べている。

しかし史実を考えれば、日本からの米国に対する先制攻撃は国際世論の批判よりもむしろ、米国民を一致結束させ戦意を高める結果になった点の方が重要であろう。

そして、「先制攻撃による米国民の戦意高揚」が石丸の、というより当時の日本側の盲点であったことが後々、真珠湾攻撃という道を選択させる一因となったのかもしれない。

第十一章　日本対米英戦争の勝敗

まず、潜水艦と空軍が勝敗を分ける重要な要素であるとし、米英の潜水艦および日本本土空襲の脅威を訴えている。

とはいえ、最終的には艦隊決戦により決着すると述べているが、そこでは戦力面で明らかな劣勢にある日本の勝利は疑問であり勝算は覚束ないとの結論を示し、以下のように国民に反省を求めているのだ。

「満州事変の突発以来、瀕りに興奮した我が国民の一部には、世界を敵とするも敢て恐るるに足らずという俗人を喜ばすに足る勇ましい意見があった。竊に疑う彼等は果たして上述の真相を知っていたであろうか？　冷静な兵理は何を物語るかを彼等は真に承知していたであろうか？（中略）大言壮語も時と場合によりては必ずしも無用でない。然しながら国力を顧みざる大言壮語に至ては、これ実に国を亡ぼすものである」（328ページ）

一部にせよかなり過激な主張が唱えられた、当時の言論情勢が垣間見える。

しかし、満州事変の直前には軍事書籍の多くがロンドン軍縮条約を批判し、その制限下での対米戦は危ういと唱え、国政すら揺るがす大きな問題となっていたのだ。

無論、ロンドン条約で定められた保有量制限を米国が満たしていたワケではないにしろ、そんな時期に「世界を敵とするも敢て恐るるに足らず」という「大言壮語」がなされたとすれば、それは本心からのものではなく、むしろ世論を煽り、己に対する支持を獲得するための方便だったと思われる。

だが、戦後の日本でも、長らく扇動的な「軍国主義復活」の批判に少なくない影響があったように、満州事変以降の日本ではここで記されているような「大言壮語」が一般国民の国際的孤立への不安感に対するひとつの答えとして示されて一定の支持を受け、そしてそれが日露戦争におけるポーツマス講和条約締結時の日比谷焼き討ち事件（一九〇五年）を政府・政党に思い起こさせ、外交に於ける妥協を困難にさせる一因となったのだろう。

方便によって唱えられる過激な主張は、責任意識を伴わないが故に、他との妥協を許さない原理原則論に固執しやすく、時として国政を左右してしまう。

これは現在でも、日本を含め世界のあちこちで見られる光景であり、我々も常に留意しておかねばならぬ事象だといえよう。

十二章　第二世界大戦へ

ここでは『日米果して戦ふか』の十九章と同様、英国の植民地や保護国における反乱の動き、欧州の不安定な状況、中南米での反米運動について述べ、日本と米英の戦争が第二次大戦を引き起こすというものである。

基本的な構図は前著と同じであるが、世界恐慌による社会不安がより深刻化し、また何よりも満州・上海事変による国際緊張が高まっていた時期であったことから、前著よりさらに戦争の危機が近づいていることを強調する内容となっている。

第十三章　戦争に目醒る

まとめとなるこの章では、戦争によって得られる利益と損失について述べた上で、戦争は勝者・敗者を問わず損であり、戦争からの利益を得るものは支配階級・搾取階級、逆に損をするのは大衆だと述べ戦争反対を唱えているが、現代の反戦運動とほぼ同じ主張を現役軍人の石丸が行なっていた事実は興味深い。

さらに、米国は日本を屈服させることができるのに対し、日本にはいかに勝利を収めようが、米国を降伏させる力はないことも説いている。

「何となれば米国は例へその艦隊が全敗しても、更に屈することなく、捲土重来して戦勢を挽回せんが為め、新たに大規模の軍備を整うるものと信じ得るからである」（388ページ）

「……日本の力が布哇以東に及び得るかは頗る疑問であり、寧ろ不可能と称する方が適切であろう。形勢かくの如くなるに於ては、日本の力では未だ米国を屈するには足らぬ。即ち次の戦争の原因はここにも亦依然として残り、太平洋の形勢を改善する事は出来ぬであろう」（389ページ）

このように、日本が一度勝利したとしても米国は再度の戦争を挑んでくることを当然とした上で、日米戦が短期で終わるのは日本が敗れる場合だけであり、勝敗を問わず長期戦になる危険性に警鐘を鳴らすなど、この時点での石丸は日米戦について敗北を確信とまでは言えないにせよ、悲観的に見ていた様子がうかがえる。

これは繰り返し記述されているように、満州事変以降急速に進んだ日本の国際的孤立によって、前著『日米果して戦ふか』よりも状況が悪化していると、石丸が認識していたからだろう。

その上で「世界平和への道」として、今後は国際連盟を強化してその枠組みの中で平和を構築し、紛争は武力ではなく国際的な仲裁裁判によって解決されるべきであり、さもなくば再度の世界大戦を招きかねないと主張している。

「詳言すれば、連盟は之を絞殺する代りに、之をして真に権威ある組織たらしめんが為め、連盟の新時代を画さねばならぬ。脅かされる国も安んじて連盟の指令に従い得るよう、その組織と機能を変えねばならぬ。世界の重要なる国の全部を含む包括的な大組織とならねばならぬ。各国は平静な心をもち、正義を重んずる連盟の庇護の下に、完全な安心感をもつようにならねばならぬ」（396ページ）

「国家の安全及平和の必要条件は正義である。正義は感情に依て左右されてはならぬ。ここに仲裁裁判の必要が起こる。

（中略）

今や国家間にも個人間と同様、法に依て律せんとせる空気が濃厚となりつつある。この時に当り、戦争に訴えて判決を覆すような行動に出る国があったならば、該国は必ずや国際的破綻を来し、結局失敗に終るは明らかである」（397ページ）

現在、世界のほとんどの国家が加盟している国際連合ですら、無力とはいえぬまでも数々の紛争によってその限界は幾度も世界に示され、そして国際裁判所が紛争の解決において、はなはだ非力な存在である姿を見れば、あまりにも過大評価だといわざるを得ない。

石丸は、恐らく満州事変を含めいろいろな障害があるにしろ、長期的には不戦条約や軍縮条約で示された「歴史的な潮流」に向けて世界は動いていく、というよりそれ以外に世界平和は確保できないと判断していたのだろう。

だが翌年、国際連盟の脱退により日本は、その後の国際的な孤立への道が決定されるとともに、連盟の無力さが世界に示され、最終的には第二次大戦の勃発により国際連盟は崩壊、結果的に石丸の危惧は的中してしまう。

そして、国際連盟崩壊の一因を造った大日本帝国は、第二次世界大戦という当時の「歴史的な潮流」へと飛び込み、破滅に直面することになる。

【総括】

本書は、満州・上海事変において基本的に日本の立場を支持し、国際連盟の「支那問題に対する認識不足」を批判してはいるが、同時に日本政府や軍部にも厳しい非難を行ない、また国際連盟の枠内で物事を解決することを繰り返すなど、当時の日本国内における「国際協調路線」の少なくとも一端を示したものだといえよう。

しかし、繰り返すように「満蒙の特殊権益」に対するこだわりや、「統帥権の独立」を問題視しながら、憲法改正まで唱えることができない点など、その限界もまたここに示されているのは間違いない。

満州事変勃発当時、欧米諸国にとって地球の裏側に近く、また世界経済全体から見れば、さして大きな存在でもない満蒙に対する関心が高いはずもなく、そこで日本が優位な地位を得ること自体を特別問題視していたわけではない。

だが日本は満蒙を重要視するあまり、利権の「獲得」ではなく「独占」を目指し、またそれですら政府と軍部の足並みが揃わずに、一貫した外交政策を打ち出すことができなかったため、国際的な孤立を招いてしまうのだ。

過剰意識ゆえの行過ぎた反応が、全てを台なしにしてしまったといえるだろう。

また、後世の視点からすれば、戦争に関する石丸の心配はほぼ当たったといってよいが、ではその主張が正しかったのかといえばまた別問題である。

第二次大戦が歴史の必然とまではいえないにしろ、「第二次大戦へと向かう過程で国際連盟が崩壊する」のはやはり必然であったといわざるを得ず、また多国間協調による平和の構築については、二十一世紀の現在ですら一定の成果を挙げてはいるものの、まだまだ完成に程遠いことを考えれば、石丸の論も現実的とはいいがたい。

これは、安全保障だけでなく貿易・金融などでも同じだが、残念ながら当時の国際協調体制は余りにも弱体かつ未成熟な存在であり、それに国家の命運を託すのは無謀といわねばなるまい。事実、本書出版以降の欧米列強は国際協調ではなく、自国の産業保護を優先した排他的なブロック経済圏設立へと向かい、それを受けて日本でも独自の円経済圏設立の必要性が認識され、さらなる「特殊権益」の政治的な肥大化を招くことになる。

つまり結果から考えれば、石丸の主張が破綻するのもまた必然であったのだ。だが同時に、その過去の事柄を分析するに当たっては、結果に対する評価は欠かせない。その結果を評価する行為そのものもまた、その時点で現在進行形の事態（つまり「未来から見れば過去」）に大きく左右されるものである。

そう考えれば、その後の日本においても決して少なくはなかった米国との平和を模索する動きが、最終的に世論の支持を受けなかった理由も想像できるのではないか。

たとえば、国際連盟脱退により国際的な孤立を招いたとはいえ、その時点で日本は経済制裁など目に見える形で大きな不利益を被ったわけではなく——これも国際連盟の無力さを示す一つの事実ではある——それが戦争の危機を訴え、連盟を重視した国際協調路線の誤り、また逆に強硬路線の正しさを証明し、国際的孤立に対する恐れが杞憂であるかのように、一般市民の目に映ってしまったとしてもおかしくはない。

大戦中、ナチスドイツが占領地を次々に拡大していた時点で考えれば「国際協調による平和の構築」が完全に説得力を失うと共に、その大きな根拠であった「対米戦には勝算が立たない」とする点も、同様に説得力がないと大多数が受け止めてしまったとしても、それは無理のないことではあるまいか。

そして石丸は軍を退役した後、日米戦に反対する立場からの論陣を張り続けるも、小説を書くために集めた資料が軍事機密保護法に触れるとして逮捕、有罪となる（昭和十四年五月二十六日有罪が確定）。

石丸が自らの論が現実の前に破綻していくのを、どのように眺めていたのかは分からないが、先述の問題点はあるにせよ、全体としてその後の日本の運命について大筋では正しい警鐘を鳴らしていた本書のような主張が、その掲げた理念と現実との乖離のためにかえって対外強硬路線、そして対米参戦に正当性を与え、世論を後押しする結果に繋がってしまったのだとすれば、あまりにも皮肉な話である。

『日本は勝つ』を読む

福永恭助 著

昭和十八年五月発行

高山書院

『日本は勝つ』——目次

著者は明治二十二（一八八九）年生まれ。海軍兵学校を第三十六期で卒業（同期には真珠湾攻撃、ミッドウェー海戦で機動部隊を指揮した南雲忠一がいる）、第一次大戦では地中海に派遣され、少佐で退役した後、文筆活動に入り軍事関係の書籍を手がける傍ら、戦前にブームを引き起こした「日米未来戦記」も手がけていた人物である。（昭和四十六年、歿。著書に『暴れる怪力線』〈昭和七年〉、『海戦』〈昭和八年〉、『口語辞典』〈昭和二十六年〉他）

本書は、表題および発行年を見れば明らかな通り、大戦のまっただ中で出版され、太平洋戦争において日本が米国相手に勝利することを全編にわたって主張する、非常に楽観的な内容の本である。

その大部分が、結果として完全な間違いであったことは、いまさらいうまでもない。しかし、つぶさに目を通すと、むしろ逆説的にその後の戦局を暗示するものが見られ、現代にも通じる教訓が含まれているのだ。

はしがき

「さて私の『日本は勝つ』は、その標題でも判る通り、とても景気のいいことが書いてある本である。これを読めば塞ぎの蟲などは忽ち吹っ飛んでしまって、立ち所に朗かな気分になれるといった本である。それで事によったら一部の人から『この本は戦局の前

途について楽観に過ぎる。国民に上調子の安心を与える恐れがある』というお叱りを受けはしないかと思っている」（3ページ）
「私は、上からも下からも、縦からも横からも考えに考え抜いて、日本が勝つにきまっていると信じたからこそ勝つと言っているのである。私の楽観論には一つ一つみな根拠があるということを、まず知って戴きたいのである」（4ページ）

このように戦中の基準でも楽観論を唱えていると述べているが、当時の一般人が日本の勝利に望みを抱いた理由も、本書の主張と大きく違ってはいないと思われる。

「……戦時には敵国側の困っていることや苦しんでいる情報は入って来ない。ただきこえてくるのは『今年は総反抗をやるのだ』とか、『飛行機月産五千機、船舶年産八百万トン』とかいった景気のいい敵の宣撫だけである。それに比べれば、自分の国のことは米や銅鉄や石油石炭の不足もよく判るし、英霊無言の凱旋もヒシヒシと人の胸を衝く。これでは、よほど強気の人間でない限り、五分五分の戦争が味方七分の負けと目に映るのは勿論のこと、酷いのになると、勝ち戦を、負け戦と勘違いする者まで出てきそうである」（6〜7ページ）

つまり、戦争中は自分たちが不利だと感じやすい故に、楽観論を唱えた方が良いとの考えである。確かに戦後の日本でも、冷戦期の東側や湾岸戦争のイラクに対する評価を見れば、「脅威」というモノが得てして過大評価されやすいものであることは理解できる。

もちろん、結果として見ればそれが完全な誤りであったのは当然であり、その原因は追及すべきだが、本書があくまでも戦時中に現在進行形の事態について書かれたものであることを考えると、「間違えたこと」自体はことさら批判の対象とするべきではあるまい。加えてこの文からは、当時もアメリカの強大な国力について不安視する人間が多かったことがうかがえる。

「ところで、今の日本国民はどうか？　ソロモン群島方面の戦局は半年以上も経つのに一向に進展しないどころか、せっかく上陸したガダルカナル島からは兵を転進させた。そこでの犠牲は一万六千という大きな数字に上った。またヨーロッパでは、至る所で枢軸軍が振わない。アフリカ戦線もその通り。そこへ持ってきてアメリカの大増産と千億ドルの予算である。性来弱気の者はいうまでもないが、それほどでなかった者までもが今や漸く戦局の前途を心配し出したのは、隠れもない事実である」（8〜9ページ）

大戦中期に入ろうとする昭和十八年の初頭において、既に戦局の前途が多くの一般市民にとっても厳しいモノだと認識されていたのが分かる。

当時のマスコミが「戦意高揚機関」と化していたのは事実であるが、それでもいろいろな情報から先行きに暗雲が立ち込めていることは理解されていたのであろう。

一　国の理想

この第一章は、日本が対米戦に突入した経緯とその大義名分について述べている。無論、戦時中の出版である以上、日本の主張を全面的に支持したものであるが、当時の一般国民の認識ともさほど離れてはいないと思われる。

「日本は理想を持っている国である。日本の理想は、誰でも知っている通り、神武天皇様が御位に即かせられた時の詔に仰せられた、『あめのしたをおほひていへとなさむ』、これである。（中略）今の言葉で言えばこれは世界平和ということにほかならないのである。国の理想を国是というが、我が国の国是は『あめのしたをおほひていへとなさむ』という、世にも高くして立派なものを目当てとしているのである」（8～9ページ）

当たり前の話だが、二十世紀において「世界平和」という建前自体に反対する国があるはずもなく、そういう意味では日本の唱える「世界平和」が特別な存在であるかのように唱えるこのような主張は、当時の行過ぎたナショナリズムの反映といえるかもしれない。

だが視点を変えれば、戦後の日本で広く唱えられた「平和憲法を世界に広める」といった論説と似たようなものでもあるのも確かであり、いつの世でも人間は同じようなことを考えるということであろうか。

また、以下のくだりは興味深い。

「神武天皇様が仰せられたこのお言葉を、後の世の漢学者が支那語に翻訳して『八紘一宇』だとか何とかいっているのは、私は感心しない。日本の理想は、日本語でいうべきである。（中略）われわれは成るべく国語を尊重したい」（9ページ）

名高いスローガンである「八紘一宇」だが、立場はどうあれこのように公然と批判する声もあったことが分かる。無論、このような意見がどれだけ存在していたかは不明であり、まず間違いなく少数派だったろうが、批判することそのものは問題なかった模様である。

そして「世界平和」の実現のために、まずは「東洋の平和」を成し遂げることから始めるべきだと述べた上で、日本の正当性を唱えている。

「東洋平和がわが国是を貫徹すべき第一目標だときまったのはよいとして、さてこの目標に向かってわれわれが進もうとするとき、ここにたいそう邪魔になることが一つあった。というのはほかでもない、東洋即ちアジヤが長い間アメリカやイギリスやオランダやフランスなどの食い物になっていたことであった」（11ページ）

「これは実に東洋の平和に害のあることで、アジヤの先達である日本としては、何とかして彼等アメリカ人やヨーロッパの食い物から少なくとも東アジヤなりとも解放してやらねばならない羽目にあったのであった。アジヤの解放はつまり『アジヤ人のアジヤ』を打ち建てることであるが、これはまた国際正義にかなったことなのでもあったのである。長い間、アメリカ合衆国の二大国策の一つであったモンロー主義というのは、手っ取り早くいえばヨーロッパ諸国の食い物になることからアメリカ州を解放してアメリカ州人のアメリカ州を建設しようということである。アメリカ州人のアメリカ州を打ち建てることが許されるならば、アジヤ人のアジヤを打ち建てることも当然許されてしかるべき筈である」(11〜12ページ)

このあたりの主張が太平洋戦争における日本の大義名分であったことは、少しでも歴史に詳しい人間なら繰り返すまでもあるまい。こういった欧米列強に対する心理が太平洋戦争への引き金を引かせた大きな要因となっていることは、広く知られている通りである。

「そうして、アジヤはアジヤ人のために存在しているのであることが本当ならば、われわれアジヤ人が、例えば蘭印の石油を使うのに、何の不都合があるか。それなのに、小林全権が行っても芳澤全権が行っても、蘭印当局は、われわれに石油を売ってはくれなかった。われわれは何もタダで蘭印の石油を取ろうとしたのではなかった。本来ならば『アジヤの物はアジヤ人に返せ』といってタダで取ってきても差し支えない筋合いにあったのだけれども、そこはいつも礼儀正しく何事にも下手に下手に出る日本国のことであったから、タンマリとお金を払って売って貰おうとした。ところがそれでも彼はなお売ってくれなかったのである。これは国際正義という見地から言って実に怪しからん話で、われわれアジヤ人としてまことに憤激に堪えない。（中略）国と国との間のことは、いくら正しいコトを言い張ってもそれだけでは通らない。正しい言い分を通すだけの力――国力――がわれになければ、それは犬の遠吠えに終わってしまうからだ。またむやみに憤慨したり力んだりすると血圧が亢進して衛生によろしくない。それならばむしろ初めから黙っている方がいいということになるのである」（12～13ページ）

この文はかなり被害者意識が強調されているが、やはり当時の日本人一般の認識は、これと似たようなものだったと思われる。

左右を問わず現在の日本の外交にぶつけられる批判と共通するものがあるだろう（もちろん、現在の日本外交が妥当なものかどうかとは、また別問題である）。

「今まで――昭和一五六年まで――の日本が実際そうだったのである。世界列強を向こうに廻して、『アジヤ人のアジヤ』を、口先きばかりでなく、本当にモノにして見せるだけの国力が、われになかったのである」（14ページ）

ここで明治以降の日本が、経済力と軍事力の充実に力を費やしてきたことが述べられ、昭和十六年にその体制が整ったと説いている。そしてその根拠として述べられているのが、以下のくだりである。

「日本の経済力は、人によっては非常に低く見積もる向きもあるが、しかしこんどの支那事変、これは名こそ事変というけれども、実質は日清・日露の戦よりも大規模な戦争なのである。その大戦争をまる四年も戦い続けながら、外国からビタ一文も金を借りていない。誰でも知っている通り、日清・日露の戦はイギリスとアメリカから金を借りて戦った。それなのにこんどは、どこからも金を借りないで、日本が自力で戦っているのである。これは、日本の経済力が大に充実してきた証拠でなくて何であろうか？」（14〜15ページ）

ときおり、「日本国民は日清・日露戦争を日本独力で勝ったと教えられ、それが日本の力を過大評価させることに繋がった」と言われることがあるが、本書のような書籍にすら「イギリスとアメリカから金を借りて戦った」たことを「誰でも知っている」と明記してあるところを見ると、明らかに間違いである。一部でそのような主張があったのは事実なのだろうが、一般的な認識ではなかったと思われる。

それはともかくとして、ここで述べられている「経済力の充実」が正しかったのかといえばそうではない。太平洋戦争開戦時にすら、多数の商船を徴用した結果、商船の数は国力維持の必要量を割り込んでおり、また工場や農村の働き手を徴兵したことで労働力も不足し、実質的に経済は縮小状態であった。

それでも日清・日露戦争時より国力が高かったのは事実だが「大に充実してきた」とはとてもいえまい。

無論、そのような日本経済の状況が一般に公表されていたわけでは当然なく、またその状況下で当時の人間が行なった判断の是非そのものを問題にしても意味はない。ただ後世の目から見れば、実情からかけ離れているにも関わらず、この文が一見するとそれなりに説得力があるように見えるということは、現在の我々も心に留め置くべきものであろう。

「このようにわが国の国力は、この数年来大に充実した。ところで国力というものは相対的なものであって、こちらの力が増しても日本は強くなるが、相手の力が弱っても同じ結果となる」（16ページ）

続けて第二次大戦（福永は「ヨーロッパ戦争」と呼んでいる）の勃発後、ドイツが東南アジアを植民地としていたオランダやフランスを屈服させ、イギリスもドイツとの戦いに忙殺されている事を述べ、欧米諸国の力が弱っていることを指摘し、そして日本国内で「アジヤ人のアジヤ建設」の声が高まったと書いている。
欧州におけるドイツの大戦初期の勝利が、日本における世論形成に大きな影響を与えたことがうかがえる。

「だがしかし『アジヤ人のアジヤ建設』にせよ『大東亜共栄圏の確立』にせよ、日本がこれに乗り出すとなると、当然アジヤ侵略者との間に摩擦を引き起こす。イギリスは衰えたといっても、名にし負う世界の大国である。フィリッピンの主人公アメリカときたら新進気鋭の大国である。日本の主張がどんなに正しくとも、自分が損になることをオイソレと承知する筈がないから、これは当然戦争になる。戦争は国の一大事である。国民を駆って水火の中に飛び込ませることであるからには、その国民にウンといわせるだけの十分な理由がなければならなかったし、また世界を納得させるに足る大義名分も必要であった。これが一昨年夏から秋にかけての日本対米英蘭の関係であったのである」（18ページ）

これ以降の文では、その根拠として米国の日米通商航海条約の破棄や、いわゆる「ABCD包囲陣」を取り上げ、相手が経済戦争を仕掛けてきた、すなわち「先に手を出したのは英米である」と述べている。

確かに現在でも、米国が敵対している国に対し、経済制裁を仕掛けるというのはよくあることであり、逆を言えばそのような境遇にある国の方では当時の日本と同じような見方をしていることは間違いないだろう。

「そこで日本は立った。一昨年十二月八日、北方アリューシャンからシベリアにかけてが厳冬に向かおうとする、実に作戦上からいってもまことに申分ない時に、天が日本に立つことを命じたのである」（19ページ）

この章で徹頭徹尾唱えられていることを要約すれば、「アジアを食い物にしている米英の横暴に対して、日本がアジアを解放すべく立ち上がった」ということである。

太平洋戦争について少しでも詳しい人間なら、この大義名分は周知のことであろう。そして長らく植民地とされてきたアフリカやアジア諸国の多くにも、「欧米に食い物にされてきた」とする意識が厳然と存在していることはよく知られている。

本書では、幾度か大東亜共栄圏が確立した後で日本に訪れるバラ色の未来が語られているが、当時はこういった「アジアの解放」という大義名分と、それによる「日本の繁栄」という実利が、多くの日本国民を戦争に駆り立てる原動力となったのであろう。

だが裏を返せば、それを成し遂げることなく戦争を終わらせるのは、国民の納得が得られないということである。

後世の視点で見れば、そのような条件で連合国が日本と講和する可能性はほぼ皆無であることを考えると、「大東亜共栄圏」という大義名分を掲げたこと自体が日本の敗北への道だったといえるかもしれない。

なお、ここに書かれている福永個人の理想は「国字をローマ字にする」ことだそうである。後述の敵性語追放の主張から見ると、かなり面白い。

二　日本は勝った

この章では開戦直後の日本軍の快進撃、特に真珠湾やマレー沖における勝利により、太平洋の制海権が日本のものになったことを説明している。中でも真珠湾における「米太平洋艦隊の壊滅」については繰り返し強調されており、大きな影響を受けていることがうかがえる。

「その頃（注・昭和十六年十二月初頭）私は東北地方に講演に出かけていた。（中略）『太平洋戦争』というのが私の演題であった。私も海洋文芸家の端つくれ（ママ）であるけれども、退役の海軍少佐だからというので戦争の話をすることになって、日米もし戦はば、それはどんな風な戦争になるだろうか、その勝敗はどうなるだろうか、ということについて私の見通しを述べた。私の意見は頗る楽観的で戦えば必ず日本が勝つ。その結果は大東亜共栄圏の確立となり、少なくとも東アジヤはアメリカ・イギリス・フランスなどの手枷・足枷から解放されるばかりか、日本もまた持たざる国から一足飛びに持てる国否もてあます国になる。これをもし国難というならば、こんな国難は、もう二つ三つあって

もよい――と話を結んで、大に東北六県に亙って国民の志気を昂揚させた」（21〜22ページ）

このような言論活動が世論形成に少なくない影響を与え、日本を戦争へと駆り立てていく一因ともなったとして批判する人間が多いだろう。また結果論として重大な誤りであることも間違いない。

しかし福永は元軍人とはいえ、別に政府の人間ではないし、ましてやそのような行為を強制されたとはとても思えない。このあたりは「社会主義礼賛」や「バブル経済」と同様に、「当時の世相に乗った主張」であろう。言い換えれば現在もてはやされている主張が将来、同様の評価をされてしまうこともあり得るということである。

なお、「太平洋戦争というのは米国側の呼称だ」とする主張があるが、この文を見ると少なくとも対米戦に関しては開戦前から既に日本でも「太平洋戦争」と呼ばれていたことが分かる。つまり、「大東亜戦争」という呼称は当時の日本においては「太平洋戦争を含めた日本にとっての第二次大戦全て」を意味していたものと思われる。

そして関心をそそられるのは、以下の十二月七日、文字通り開戦の寸前に起きたことを紹介するくだりである。

「汽車の中に乗り合わせている宮城県第一区選出の朽木代議士が、私の方を向いて、

『福永さん、戦争はどうなるのでしょうか？』と訊いた。

『戦争はどうなるか、って、どういう意味ですか？』

私はちょっと返答に困って、訊き返した。すると朽木代議士が声の調子を落として、

『昨日仙台のあるところで座談会があったんです。東京からきたH新聞の藤武氏を取り囲んで座談会を開いたんです。その座談会で藤武氏の話を聞いていると、日米が若し戦ったら日本は危ない、日本は負けるかも知れないという印象を私は受けたんです。それで大変気になるもんだから、あなたに質問をしたというわけです』

見ると朽木代議士、顔いろがよくない。一般国民に先んじて国の事を憂えているらしい代議士を私は頼もしく感じた……」（22～23ページ）

一般に、「戦前・戦中、『日本は負けるかもしれない』などと口にすることはできなかった」などといわれることが多いが、当時普通に売られていた書籍に堂々と代議士が悲観論を主張していたことが記載してあり、またそれを「国を憂える」ものとして好意的に取り上げているのである。

この記述から、対米開戦論がかまびすしい中でも、大っぴらに悲観論を唱える人間が決して少なくはなく、また大戦が中期にさしかかろうとする本書の出版時期においても別に問題とされていないこともまた分かるだろう。

しかし、開戦直前の段階でも「日米戦となれば日本が危ない」と発言する人間が代議士の

中にまで存在したという事実は、現在日本で一般に広く言われている俗説とは裏腹に、戦争が始まる前から「対米戦争の行く末を不安視する」人間も珍しくなかったことを物語っている。

「私の論文のあらましは、昨晩の講演と同じように、日米が戦えばアメリカは負ける。理詰めに考えて、日本が勝つに決まっている。その根拠はと言えばこれからの海戦では飛行機がエラク大きな働きをするが、その空軍の力で日本海軍が断然すぐれている」（25ページ）

『日と共に進歩発達する飛行機の働きを想像して、これは海戦術に一大革命をもたらすものだという結論を得て、それをこの論文で匂わせたのである」（27ページ）

これ以降、真珠湾攻撃（本文中では「ハワイ海戦」）やマレー沖海戦における日本航空部隊の活躍を述べ、太平洋の制海権が日本のものとなったことを繰り返している。

当時としては最新の軍事情報であり、しかも戦時中のことであることから著者本人の関心も高かったらしく、自分が見た夢物語として「現在の華族の多くは関ヶ原のような何百年も前の戦いで先祖が大名となったために今でも華族なのだが、真珠湾攻撃の功績は世界史をひっくり返すような、古今未曾有の大手柄であり、関ヶ原の勝利など恥ずかしくて大名に取り立てて貰ったりするのは決まりが悪いぐらいだ」といった内容のことをわざわざ記載して、

「ハワイ海戦の戦果の有り難さ」と強調している。（なお、本文中では真珠湾攻撃部隊の指揮官・南雲忠一中将の名前は入っておらず、「ハワイ攻撃部隊の最高指揮官」としか記載されていない。当時は指揮官について秘密にされていたことがうかがえる）

また、日本の勝利が世界に与えた影響については、英下院での演説（昭和十七年十二月十一日、南アフリカ連邦総理スマッソ）や、米海軍記念日の晩餐会の席上での会話などを引用している。

こういった英米側の主張についてはこの文以降も多数が引用されており、戦時中の日本でも欧米の報道に触れるのはさして難しくなかったことが分かる。これらの情報は主にマカオ（中立国ポルトガルの植民地）経由で日本にもたらされていた。

なお、当然というべきかミッドウェー海戦などでの欧米側の報道については触れていないが、これは「情報操作」として切り捨てたのだろう。

航空戦の勝利により各地の根拠地を日本軍が簡単に攻略できたことを述べているが、その中でもシンガポール攻略の扱いが大きい。特にシンガポールが米英の持つ西太平洋で唯一、大艦隊の運用できる根拠地であったことから、それによる戦略的な影響力の大きさを強調している。

この点については後の章でも何度も取り上げられており、現在では大戦初期における日本軍進撃の一コマとしか評価されていないシンガポールの陥落が、当時は日本の勝利を象徴する出来事と見なされていたことがうかがえる。

「大東亜戦争の始まる少し前に、今はもう故人となった藤森陸軍中将*と、私はある晩、これから起こるかも知れない日本対アメリカ・イギリス戦争について語ったことがあったが、そのとき中将は私にいった。

『支那事変では、海軍は陸軍のお手伝いをしたぐらいのものだったが、こんどは違う。こんどこそ海軍の番だ。それだけに、私は海軍のことが気に懸る。それに比べたら陸軍のほうは案ずること更にない』

私が、その理（わけ）を訊ねると、中将は説明してくれた。

『相手が何せアメリカとイギリスの陸軍だ。これが○○○陸軍と戦うとでもいうのなら聊か手応えがあるけれども、昔から定評のあるアメリカ軍とイギリス軍だ。もともとこの二国は陸軍国じゃない。ところが、こちらは名にし負う日本陸軍だ。しかもそれが支那事変満四年何ヶ月の経験で、いよいよ逞しい軍隊になっている。問題になりはせん』」

（49〜50ページ）

これ以降、中将の発言としてアジアにいる植民地軍は大部分が植民地出身のアジア人であり、戦意が旺盛であろうはずがなく、上陸しさえすればマニラもシンガポールも攻略できるだろうと述べている。

この発言がどこまで本音だったかは分からない。だが少なくとも当時、「アメリカやイギリスの陸軍は弱い」とする認識が広くあったのであろう。また開戦以降、日本軍が各地の拠点を次々に攻略したことが、その「確信」を深めたであろうことは想像に難くない。なお、「○○陸軍」は検閲で消された部分である。おそらく「ドイツ」だったのではないかと思われる。

（＊注・ここで名前の挙がっている「藤森中将」だが、昭和十七年八月十四日に死去した藤室良輔中将の誤記ではないかと思われる）


「『……しかし海軍となると話が違う。何しろ世界の最大海軍国なのだからな、相手はどっちも」


中将は心配そうにいった。しかし私は、東北公演で大に日本――ことに日本の海軍が勝つことを説いて廻ろうとしていた矢先だったので、この意見には賛成しなかった。

『そんなことはありません。艦の数はともかくとして、その質や乗組員の腕が段違いですから』

『日本海軍も優秀だろうけれども、イギリス海軍なんか、ホワード、ネルソン以来の伝統がまだ生きているんだからな』

と、中将はどこまでも心配そうにいって、

『とにかくわれわれ陸軍部隊のほうは、陸に辿り着きさえすれば、あとはどうにでもして勝ってみせる。が陸に辿り着かないうちに海の上で敵の艦隊に輸送船団をやられたん

ではどうにもならん……』」（51～52ページ）

ここでの福永の楽観論はともかくとして、陸軍側の懸念そのものは、ごく当たり前のものである。史実の第一段階作戦がほぼ順調に成功したことから、現在ではあまり注目されないが、開戦前は南方への侵攻がかなり危険視されていたことが分かる。

逆を言えば、それが予想以上に成功したことが、反動として連合軍を侮ることに繋がり、その後の戦争遂行をさらに難しいものにしてしまったのではあるまいか。

三 イギリスの没落

題の通り、この章では米国に次ぐ敵国である英国についての著者の見解を述べている。興味深いのは、ここで福永が英国屈服の根拠として挙げているものが、そのまま「日本の敗因」に繋がっている点である。

無論、これは日英双方が島国で資源の多くを輸入に頼っているという共通点があるからだが、逆を言えば「日本の弱点」もまた周知されていたことを意味している。

「イギリスは我々の敵であると同時にドイツとイタリア、ことにドイツにとっては当面の大敵である。この大敵を屈服させるのには、ドイツとしていろいろな手段があるが、その中で一番手っ取り早いのはドイツ陸軍がイギリス本土へ上陸することである。藤森陸軍中将の話ではないが、ドイツ軍も日本軍同様イギリス本土へ辿り着きさえすれば、相手は定評あるイギリス陸軍のことだからどうにでもして撃ち破ることが出来るというものだ」(58~59ページ)

イギリス陸軍の「定評」と言うのは、明らかに「イギリス陸軍は弱い」というものだが、これはシンガポールやビルマが一見、あっけなく陥落したことが根拠となっているのは間違いあるまい。

「そこで昭和十五年五六月の頃、ドイツ軍はフランスのマジノ線を突破した勢でイギリス本土に上陸作戦を決行するだろうということがやかましく言われた。日本ばかりでなく、世界中の軍事評論家という評論家がそういった。しかし、私はそれを信じなかった」(59ページ)

そこで、今となっては周知のことだが、著者はドイツの海軍力の劣勢を根拠に挙げ、英本土上陸は困難であることから、ドイツによる通商破壊戦について言及し、イギリスの敗北を唱えている。

「イギリスは日本と同じような、島国である。小さな島国というものは、一般に海上貿易の御厄介にあることが多いが、とりわけイギリスのような食べ物と油が国内からとれない国はその程度が高いのである」（64ページ）

二度の大戦について少しでも詳しい人間には、このシーレーンこそが圧倒的な海軍力を誇ったイギリスのアキレス腱であったこと、そして両大戦では共にドイツはUボートによるシーレーンの攻撃に希望を繋いだものの、最終的にはイギリスの船団護衛の進歩により、どちらも敗北したことは良く知られている。

なお、福永は日本については食料、石油共にイギリスより遙かに恵まれていると主張し、ここでもその根拠の一つとして元駐日アメリカ大使グルーがニューヨークで行なった演説（昭和十七年十月二十八日、「日本はイギリスと違って、国民がいつまでも頑張り得るだけの食料を豊富に持っており、焼夷弾をバラ撒けば簡単に済むなぞという考えは、この際精算せねばならない」）を引用している。

そこで本書は、第一次大戦でのドイツ潜水艦戦が結局敗北した理由を六つ、順番に「ドイツの潜水艦戦方針の不統一」「基地が遠隔地にある」「集団護衛戦法の採用」「日米両海軍の活躍」「連合国、特にイギリスの造船力」「潜水艦数の不足」を挙げている。

内容はごく普通に述べられているものであるため、細かい点については割愛するが、このうち「日本海軍の活躍」について述べると、第一次大戦時の日本海軍は大正六年（一九一七年）二月七日に編成された第二特務艦隊（福永はこの艦隊に所属していた）を地中海に派遣しているものの、当初の戦力は巡洋艦一、駆逐艦八に過ぎず、後にある程度増強されたが、それでも米海軍とは比較にもならないもので、それなりの働きをしたとはいえるが大局に影響を与えたとは思われない。

これら六つの第一次大戦時の失敗をドイツは教訓として、多大な努力を払って原因を取り除いたとしている。

ここで集団護衛法に対する新戦術として、潜水艦の集団攻撃（いわゆる「狼群」戦法）と、もう一つ「潜水艦の代わりに軽巡洋艦を使って輸送船団を攻撃する」戦法が取り上げられ、「イギリス輸送船団に大打撃をあたえた」としている。

この戦法は第一次大戦で数度行なわれ、特にインド洋で大戦果（一九一四年八月から十一月にかけて商船十五隻六万六千トン、巡洋艦一、駆逐艦一を撃沈）を挙げたエムデンが有名だが、第二次大戦では考慮はされていたものの、ドイツ軽巡戦力が極めて貧弱（開戦時六隻、一九三九年十二月に二隻大破、翌四〇年四月のノルウェー攻略戦で二隻を喪失）、また過度の軽量化による船体強度不足のため外洋航海が制限されたなどの理由から、実際には行なわれなかった戦法である。

当時、そのような「新戦術」の報道がなされていたのかどうか不明だが、むしろ第一次大戦時に世界に名を轟かせたエムデンの印象が強く、それをそのまま書いてしまったのではあるまいか。

「これを知ったイギリス海軍は、大に驚いて、駆逐艦や小型護衛艦の代わりに、二十糎砲を積んだ重巡洋艦（甲級巡洋艦）を護衛に使い出した。これならばドイツ軽巡洋艦がやって来ても追い払えるという積りだったのだ。するとドイツはまたその裏を掻いて、二十八糎砲を積んだポケット戦艦や、二万六千トンの高速戦艦シャルンホルストやグナイゼナウを使って船団攻撃と出てきた。そこでイギリスでも仕方がない。だんだんと護衛艦の大きさを競り上げて、戦艦や四万二千百トンの巡洋戦艦フッド号のような大物を船団護衛に使うようになり『それでは』というのでドイツのほうも、とっときの新鋭戦艦ビスマルク号（三万五千トン）を出動させると言った調子で、昭和一六年五月二十四日の名高いアイスランド沖海戦となり、フッドも、ビスマルクも共に沈没するという結果になってしまったのであった。

『子供の喧嘩に親が出る』という諺があるが、ドイツ潜水艦と船団護衛のイギリス駆逐艦との喧嘩が、とうとうフッドとビスマルクとの大喧嘩になってしまったのであった」（78～79ページ）

実際には、開戦直後のラプラタ沖海戦などを見れば分かるように、ドイツは最初からポケット戦艦による通商破壊に乗り出していたのであり（もともとポケット戦艦はそのために建造された艦である）、ここでの記述は誤りである。

それ以外にも、ビスマルクの沈没にいたる状況もかなり史実とは異なっている（フッドは船団護衛を行なっていたわけではなく、ビスマルクはフッドを撃沈した後の五月二十七日に、イギリス本国艦隊の攻撃を受けて撃沈された）。

もちろん、これらの戦闘についても著者は戦時中の報道しか触れることができなかったのは明らかであるから軽々に判断してはならないが、分かりやすい末尾二行の話に読者を誘導しようとしたのではないかとも思える。

「……イギリスの造船能力は年に百万トン、アメリカは四百万トンぐらいではないかと、私は見ている。ルーズベルトは、アメリカ新造船高の目標を、昨年度（注・昭和十七年度）は八百万トンに、今年度は一千万トンに置いているのだと吹いた。（中略）日本にもそれを真に受けてビクついている向きもあるがこれはそういう弱気の日本人達を狙っての宣撫であって、実際はその半分ぐらいに見るべきだと、私は確信している」（81ページ）

実際には、昭和十七年度のアメリカの造船高は公約通り八百万トンであり、福永の「確信」は外れていた。とはいえ、ここでも戦時中、米国の造船高から戦争の将来を不安視する人間の存在が語られており、一般国民にも米国の軍需生産量の膨大さがかなり広く知られていたことが伺える。

「従来のヴィンソン案とスターク案による軍艦建造で相当立て混んでいるところに持ってきて、これから新しく航空母艦を五十万トン、巡洋艦を五十万トン、駆逐艦を九十万トン、潜水艦を百万トン、潜水艦を防ぐ艦艇を五十万トンも造るのだという。そういうときに、いくらアメリカが造船力の大きい国だからといって（中略）その上年に一千万トンもの新造船が出来てたまるものか。法螺も休み休みいって貰いたい」（81〜82ページ）

昨今の例を挙げれば、湾岸戦争やアフガン戦においても「米軍は苦戦する」という報道が多数なされており、またそれらも単独で見れば、一応は筋の通った説得力のあるものが大半であった。

しかし、現実に軍事面では米軍の圧勝だったのは間違いない。

ここでの米国に対する批判も、それなりに説得力のあるものだ。だが、細かい数字はともかく、福永の楽観論が外れたのも歴然たる事実である。

つまりここで問題なのは、「一見説得力のある批判」であっても、それが正しいかどうかとは別だということなのだ。

「いつぞや外交官その他を乗せた交換船でイギリスから引揚げてきた同胞達の話によると、イギリス国民は相変わらず、自分たちは最後には勝つモノと固く信じているとのことだが、しかし、私の見るところでは、これはイギリス国民の無知から来た自信であって、そんなものには何の値打ちもない」(83ページ)

このように述べた上で、福永はイギリス海軍大佐バーナード・アックフォースの著作を根拠に、イギリスがヨーロッパで戦うことになれば、イギリスはアジヤの植民地を譲り渡さざるを得ず、アジヤで没落すると主張している。

既述の通り本書では、このように欧米側の「悲観論」を根拠として「楽観論」を主張する部分が多々存在する。当時、同様の言説が日本国内で広く唱えられていたであろうことは想像に難くない。

八〇年代後半~九〇年代初頭にもアメリカの誇大な「日本脅威論」をそのまま自説の根拠として日本経済を楽観的に論じる人間は少なくなかったが、人間は時として「対立勢力」が自分の主張に合致する発言をしたとき、それを無批判に信じてしまいやすい。

しかし、「対立勢力」の実情を正確に把握するのが難しいのと同様に、相手の側もまた己の側に対する正確な認識を欠いている可能性があることを、人間は失念しがちである。

四 アメリカの反撃

ここでは、恐らく軍民を問わず当時最大の関心事であったろう、米国の反撃について述べている。当然ながら、太平洋戦争において最も要となる海軍の実情についての説明が主であり、「日米海軍力の比較」が中心である。

まず戦艦について述べているが、ハワイで米海軍の戦艦勢力は十二隻となり、その後に新鋭戦艦（サウスダコタ級四隻）が就役したことで計十六隻となるとした上で、

「が、ハワイ海戦後珊瑚海海戦、第二次ソロモン海戦、南太平洋海戦、第三次ソロモン海戦、レンネル島沖海戦で計七隻をなくし、四隻を傷つけている。傷ついたものはやはり修繕できるものと見て、沈没艦七隻だけを差引くと九隻が残る。この九隻のうち二隻は、大西洋でイタリヤ潜水艦（艦長エンツォ・グロッシ大佐）に沈められているから、残るのはたった七隻というのが今日只今のアメリカ海軍の主力艦勢力である。（中略）しかしこの中にはテキサス型のボロ艦が二隻ぐらいはまじっている筈だから、実勢力は五隻と見るのが順当だろう」（89～90ページ）

当時の誇大な戦果報告については周知の事実であろう。ただ、イタリア潜水艦が大西洋で米戦艦を撃沈したという報道がなされていた事実は興味深い。

実際にはイタリア潜水艦は大戦中、地中海はもとより大西洋からインド洋までかなり広大な範囲で活動はしていたのだが目立った戦果はなく、無論ここで挙げられている戦艦二隻も戦果誤認である。

戦後は批判の強いイタリア海軍であるが、戦時中はそれなりの「戦果」が報じられ、かなり高く評価されていたことがうかがえる。

「これに対する日本の戦艦勢力がいくらかというと、金剛、比叡、榛名、霧島、扶桑、山城、伊勢、日向、長門、陸奥、この十隻までは朝日年鑑に出ている。それから先きが、長いことどうなっているか判らなかったけれども先だって――去年の十二月七日の晩に、平出海軍大佐は、ラジオ放送で新鋭戦艦が数隻既に艦隊に入っているということを発表した」（90ページ）

ここで言われている「新鋭戦艦」が、大和級戦艦であることは論を待たない。

現在、多くの書籍で「大和級戦艦の存在は公表されず、太平洋戦争当時の日本国民は長門が日本海軍最強戦艦だと信じていた」と記載されているが、このように当時も詳細は不明とはいえ、「新鋭戦艦」の存在そのものは発表されていたのである。

また、マレー沖海戦で日本海軍航空隊に撃沈されたことで名高い英戦艦プリンス・オブ・ウェールズをはじめ、同時期の他国が新鋭戦艦を建造していたことは日本でも周知のことで、たとえ未公表であろうとも日本でも戦艦を建造している可能性は誰にでも想像できることであろう。

わずか半世紀あまり前、しかも自国のことにも関わらず、このような誤った認識が一般化している事実は、歴史の真実を見極めることがいかに難しいかを示しているといえよう。

「次に航空母艦は、戦前六隻持っていたのと開戦後竣工したのとを合わせて九隻あったのが、六隻をわが海軍に、一隻をドイツ海軍に屠られて、いま本式の航空母艦は二隻しか無いという有様である。もっとも本年内に竣工するのが数隻あり、なお商船を改造した特設航空母艦は相当沢山持っているようだが——。

巡洋艦ときては一番ひどく減っているし、駆逐艦の勢力もガタ落ちである。要するに目下のところアメリカの海軍力は日本の半分以下に減ってしまったと思って大した間違いはない」（91〜92ページ）

「さてこのように海軍力が少なくなっては、前にも言った通り、アメリカは日本と戦って勝つことが出来ない。（中略）ではアメリカはこれからどうしようというのか？ ルーズベルトは、そもそもどうして日本と戦うと言うのだろうか？

このことについては、大統領ルーズベルトがたびたびラジオで方針を述べている『爐邊閑話』というやつがそれだ。それによると、これから軍艦や飛行機や商船を一生懸命に造って、そうして日本海軍を追い越すようになったところで、一九四四年（昭和十九年）の秋に、日本に向かって本格的な反撃を加えるのであるという」（94ページ）

「今年の一月にルーズベルトが議会に送った教書では、一九四四年を一年早めて、今年のうちに攻勢に出るのだと力んでいるが、これは嘘だろう。本格的攻勢がそんなに早く採れるものでないことは、先を読めば解ると思うが、とにかくこれら敵国側の言い分を聞いて、日本の国内には――金持ちとか知識階級とかの間には――アメリカの生産力の大きなことに目がくらんで、最近アメリカの反撃を非常に気に病んでもいるものがある。アメリカの造船台がみんなで四百台あるか五百台あるか知らないが、それを総動員して、これからドンドン軍艦と商船をこしらえる。こうしてメチャクチャに軍艦や商船を造られたならば到底敵わない。これでは、日本は緒戦には勝っても、最後には負けるようなことになるかも知れない。それならば勝っている今のうちに講和を結んだほうがいいことを言う者がないでもない。……などと、それほどまでに意気地のないことを言う者はないにしても、それがかったことを言う者がないでもない。即ち必勝の信念のいささかぐらついている人がある。それの多くは戦前アメリカやイギリスとの商売で儲けさせて貰っていた連中だから、歯牙に掛けるにも当たらないが、しかし、これらの人々が気に病んでいるようなことが果たして起こるだろうか?」(95~96ページ)

ここでも戦時中の日本国内でアメリカの報道に接することで、戦局の将来を危惧する人間が多かったことが言及されている。

また、「それほどまでに意気地のないことを言う者はない」とは書いてはいるものの、米国との講和を模索するべきだと主張する人間もいたことは明らかだろう。

無論、それらの立場は全体から見れば少数派であったろうし、また真珠湾以降の華々しい勝利から、まだ一年余りしか経ていない時期を考えると、そういった人間もまた確固たる意見があったというよりは、「将来に対する漠然とした不安を口にしていた」だけだったのではないかと思われる。

このあたりはバブル期の異常な投機熱を不安視する声が、結局は大勢に押し流されてしまったのと相通ずるところがあるだろう。

五 海軍の特質

前章で米海軍が壊滅状態であることに言及したのに引き続き、海軍を再建することができないことや、日本本土攻撃ができないと主張している。

後世の視点で内容の是非を問うだけでは意味はない。しかし、ここで言及されている「米海軍の弱点」のほとんどが、そっくりそのまま「日本海軍の弱点」として現在広く知られているものと重なることには少々驚いた。

言い換えれば、「日本海軍の弱点」は当時も海軍の上層部どころか、ある程度海軍の実情を把握している人間には周知のことだったのだろう。

まずこの章の冒頭で、アメリカがここ数年の間に海軍を再建させることはできない根拠として、これまでの歴史上海軍が壊滅的な打撃を受けた例として第一次大戦のドイツ、日露戦争のロシア、日清戦争の中国、ナポレオン戦争のフランス、アルマダの海戦（一五八八年）のスペインなどを紐解き、これらの国が結局海軍を再建できなかったことから、同じように米国も海軍を再建できないとしている。

さらに、ソ連やドイツを引き合いに出して、陸軍が比較的簡単に再建できるにも関わらず、海軍の再建が困難である点について三つの根拠を挙げている。

「第一に、海軍をつくるには、恐ろしく金がかかるということである。たとえば戦艦陸奥は、今から二十三年前に出来た戦艦であるが、八千万円かかっている。（中略）とこ ろがこれからアメリカが造ろうとしている主力艦は陸奥のような三万二千七百トン位しかないちっぽけな軍艦ではない。モンタナ級の五隻などは一隻で五万八千トンもあるという大戦艦だ。（中略）こういった大戦艦を十隻も十五隻も造ろうというのである。いや戦艦ばかりじゃない。航空母艦も、これから五十万トン造ろうというのである。駆逐艦も九十万トン潜水艦百万トン……といった工合に造ろうとすると、一体いくらの金があったらいいのか？　如何な金持アメリカでも。こうなるとそう易々と軍艦が造れるとは思われない」（105ページ）

ここで挙げられている陸奥の排水量三万二千七百トンというのは、昭和九〜十一年にかけて大改装される前の数字であり、旧式戦艦群の改装についての詳細が公表されておらず、また陸奥を「ちっぽけな軍艦」などと記載している点からも、当時既に長門級戦艦が一般の認識でも「最強戦艦」とは思われていなかったことが分かる。

「しかし、第一の困難を征服しても、まだ第二の困難が待ち構えている。というのはほかでもない、軍艦はオイソレとは造れない品物だということである。いかな工業国アメリカでも、軍艦ばっかりはチャップリンの映画『モダン・タイムズ』のようにはなれ業でつくるわけには行かないのである。

三万五千トンの戦艦だったら、丸四年はたっぷりかかるのが普通で、マレイ沖で沈んだイギリス戦艦プリンス・オブ・ウェールズが丁度丸四年かかっている。

（中略）

そこで、たとえ造船材料と職工が揃っていても、向こう三年や四年の間に主力艦隊を立て直すことなぞは出来る道理はない」（107〜108ページ）

一読して解るとおり、上記の文は特に非合理的なことを主張しているわけではなく、当時もこういった本を読めば、米国の膨大な造船計画に不安を抱いていた人間でも、やはり「米国恐るに足らず」と考えてしまうのは当然の帰結であろう。

また、同様の考えを軍や政府でも抱いていた人間は、少なくなかったのも間違いあるまい。

「が、何か奇跡でも起こって、一九四四年までに、とにもかくにも軍艦だけは出来上がるものと、これも大目に見てやることとしてやろう。がしかしここに、第三のより以上

の大困難があるのを、アメリカはどう捌くであろうか？」(108ページ)

「第三の問題は、実にアメリカ海軍としては退引ならない大問題であるところの人の問題である。海軍というモノは、軍艦だけが出来ればそれでいいというものではない。軍艦そのものは死んだ物であって、それに乗り組んで艦や大砲や水雷や飛行機や機関や何かを動かす乗組員がいなければ役に立たないものであるが、その乗組員の養成という点で、アメリカは一番大きな困難に出くわすものと私は睨んでいる」(109ページ)

このように述べ、日本海軍は国を挙げて粒よりの人材を海軍に送り込み、長年の間猛訓練を施して、優秀な海軍を造り上げたとした後、米国については以下のように評している。

「一方、アメリカという国は、本当の海洋国家ではない。合衆国の地図をあけて見れば判る通り、多くの州は海に面していないから、国民の大多数は海というものにあまり関心をもっていない。従って、青少年も海軍や船員になりたがらない。それどころか、村でもあまり素性のよくないのが水兵になるといった国だった。それで、昔からこの国は水兵募集には苦労をしたもので、映画女優のクララ・ボウを使ったりポスターを利用したりして、努めてみたけれどもその成績は芳しくなかった。

(中略)

志願者が少なければロクな水兵は集まらないのが当たり前である。たまたま志願するにしても、前に述べたようにポスターか何かに釣られてやってくるといった調子だから、大したものは来ない。しかも、そのポスターにどう書いてあるかというと、『世界を見物するのに絶好の機会だから、海軍に入れ！』とあって、ハワイのフラフラ・ダンスの絵や何かが立派な石版刷りにしてあるという有様だ」（112〜113ページ）

このように、「日本と米国では水兵の能力や心意気が段違い」であること、またもともと志願者が少ないのに、さらに開戦以降の損害で、なおのこと若者が海軍へ志願しなくなっているとしている。

しかし、結果論を抜きにしても、米海軍がその創設以降、その時点でも百年を超えた歴史の中、少なからぬ戦闘で勇敢に戦ったのは、当時でもよく知られていたことであったろうし、福永がそれを知らなかったはずがない。

やはり「開戦以来の連戦連勝」により、米海軍を侮るようになったこともあるだろうが、後述するが、むしろ米海軍の潜在力を恐れ、その結果として「米海軍の劣っているところ」を無理に探そうとしたのではなかろうか。

引き続いて多数の海軍将兵の損失により、米海軍はさらに人材面で苦しくなったことに言及した上で、以下のような指摘を行なっている。

「アメリカとして殊に惜しまれるのは、その中にいた航空母艦の飛行機操縦者である。

これは、熟練工中の熟練工ともいうべき者で、この仕事は陸軍の飛行機乗りを、そのまま連れて来たって決して出来るものではない」（118ページ）

この文以降、著者は航空母艦の発着艦に特別な技量が必要であり、その養成がいかに難しいかを詳しく説明している。

「飛行機乗りの養成では、アメリカはもう一つ悩んでいることがある。一体航空戦というものは、第一期で負けると未来永劫敵に勝てる望みはないものとしたものなのだ。その理（わけ）はこうである。

第一回戦には両軍共に選り抜きの飛行士を出す。ところが日本の海鷲の方は過去四年何ヶ月かに亙る支那事変で、タンマリと実戦の経験を積んでいるのに、アメリカの飛行士の方は初陣ときている。実戦の経験者と初陣者とでは、腕が段違いだ。それで第一回戦ではどうしても初陣のアメリカの方が負ける。実際、大負けに負けた。次に第二回戦となると、更にそれよりも気力と腕の落ちる初陣者が、わが歴戦者と手合わせをすることになって、アメリカ側はいよいよ負ける。第三回戦は更にそれよりもダメな者がやって来てまた負ける……といったアンバイで、結局第一回戦で負けた空軍というものは、以後負け続けということになるのである」（120～121ページ）

「アメリカは、これから航空母艦をうんとこさ造ったり、空軍の大拡張をやったりするのだというけれども、この点で、日本空軍の搭乗員達を追い越すような精神力と腕のある者を養成することが出来るとは、どうしても考えられない」（122ページ）

ここで記述されている「第三の問題」、すなわち「人員養成」の問題が、そっくりそのまま史実の日本軍、特に日本の航空戦力（ここに出ている「日本空軍」は便宜的な呼称である）の致命的な弱点として当てはまるのは明らかである。

福永の主張がそのまま軍の認識と等しいといえないのは当然だが、少なくとも航空機、特に空母艦載機の熟練した搭乗員が航空機より遙かに貴重な存在であり、その養成の難しさもこのように周知の事実であったとすれば、専門家である軍中枢がそれを把握できていなかったはずがない。

言い換えれば日本海軍は、広く言われているように「熟練搭乗員の価値を認識していなかったために酷使した」のではなく、その価値を十分に認識していながら消耗品扱いした、またはそうせざるを得なかったということになる。

だとすればなおのこと、大戦中期以降、日本の航空戦力がジリ貧どころかドカ貧になって行くことは当然認識されていたであろうことは想像に難くない。

また、「い」号作戦（昭和十八年四月）、「ろ」号作戦（昭和十八年十一月）といった、貴重な空母艦載機の搭乗員を陸上作戦に投入せざるを得ない状況が、いかに深刻な事態なのかわかっていなかったとも考えられない。

つまり、当時も人員養成に伴う問題そのものは広く認識されており、しかもそれに対処する有効な術がなかったにもかかわらず、なおも泥沼の消耗戦を続けていたのである。

これについては、前線からの誇大な戦果報告により、「こちらも苦しいが、連合軍はもっと苦しいだろう」といった楽観論もあったろうが、やはりバブル崩壊後に破綻した大企業と同様に、状況の悪化をただ眺めていただけのように感じられる。

また、「米国の強大な国力」と「海軍の兵員養成の困難さ」が認識されていたとすれば、現在広く「日本海軍の過ち」と認識されている「通商破壊作戦の軽視」がどのような意図で行なわれたのかも見えてくる。

つまり、日本海軍としては、「輸送船やそれに載せられている陸上戦力に打撃を与えても、米国の国力を持ってすれば再建はたやすいが、海軍の戦闘艦艇、特にその乗組員の育成が困難であるから、そちらを攻撃した方が有効だ」と判断したと思われる。

六　攻勢は採れない

この章では、引き続き米海軍について述べているが、今度は前章で挙げた問題点を全て米海軍が解決しても、まだ日本に対して攻勢に出ることはできないとしている。

つまり前章から合わせて読めば、米海軍が日本に対して本格的な攻勢に出ることはまず不可能という結論となるだろう。

「……立派な艦隊が再建できたにしたところで、西太平洋に一等根拠地がなくてどうしてアメリカは戦うのであるか。艦隊というものは、根拠地がなくては戦えないものである。たとえば、軍艦は走れば重油が減る。重油が尽きたらば、五万八千トンの大戦艦ももう動けなくなる。動けない軍艦は軍艦の役をしない。そこで減っただけの重油は根拠地に行って補充しなければならない。また戦えば怪我をする艦が出来る。この艦をドックに入れて修繕をしてやるのも根拠地である」（123～124ページ）

前章の「人員養成」と同様に、一部で「戦前の日本海軍は艦隊ばかり重視して、根拠地の重要性を理解していなかった」といわれることがあるが、この『日本は勝つ』を含め戦前・戦中の書籍の多くは、このように根拠地の重要性を説いており、米国が日本攻撃に使える根拠地の不足をもって日本の有利を説いているのだ。

また、ここで記載されている「五万八千トンの大戦艦」というのが実際には建造されなかったモンタナ級戦艦であることは明らかだが、現在ではほとんど注意を払われることのないこの未成戦艦が当時、大和級について「新造戦艦」という以上の知識を一般市民が持ち得なかった日本では、かなり脅威視されていたことがうかがえる。

そして、西太平洋には日本本土とシンガポールを除き、大規模な艦隊を運用できる根拠地が存在しない点を指摘して、またアメリカ最大の根拠地である真珠湾からでは日本までの距離が遠すぎる（横須賀まで三千四百浬）ために、米国が日本に対して攻勢に出ることはできないと結論付け、またここでもタイム誌の記事を引き合いに出して、米軍による日本本土攻撃が覚束ないものであるとしている。

「私は先達あるところで軍事評論家伊達氏の講演を聴いた。伊達氏は、日米艦隊の間にいつ決戦があるだろうか、ということを盛んに論じていたが、私は非常におかしく思った。私に言わせれば、日米両国艦隊の決戦は疾うの昔にハワイで済んでしまったのである。決戦という言葉の定義にとらわれる人は、私の言葉に意義を申し立てるかもしれないが、私のいうのはそうではない。アメリカはハワイ海戦で決定的な打撃を被ってしまったということである。二度と立つことが出来ないような、決定的な敗北を既にしてしまったということである。私の見るところでは、今後に起こるであろう日米海戦では、アメリカ海軍はいつも日本海軍より少ない兵力で戦うことを余儀なくされるのではあるまいか？　言い換えれば、日本艦隊に比べて何割増しというような、優勢な艦隊がちゃんと出来上がったところで、初めて日本艦隊に向かって決戦を挑んで来るというような戦いは、将来起こらないのではないかと思うのである。なぜかというと、アメリカは数隻の戦艦、数隻の航空母艦、数隻の巡洋艦等が出来上がれば、待ち切れなくなって遮二無二反撃姿勢を執ってくる。軍艦が十二分に溜まったところで出撃するという悠長なことはやらないで、少し溜まれば片ッ端からそれを使って、攻撃態勢を採って来る。これが今後のアメリカ海軍の出方ではないかと思うのである」（132～133ページ）

この主張は後知恵抜きにしても、かなり無理があると言わざるを得ない。「米海軍は二度と立つことが出来ないような決定的な敗北をした」と書き、直後の文で「起こらない」とは言いながらも、明らかに米国が「日本海軍を凌ぐ優勢な艦隊を造ることが可能である」との前提に立った主張を展開しているのだ。

また、米海軍が「少し溜まれば片ッ端からそれを使って、攻撃態勢を採って来る」理由として、「米国人は勇気があるが思慮が浅い」「アメリカは世論の国である」点を挙げた上で、以下の結論を出している。

「……無理とは知りつつも万一を僥倖して、不十分な兵力を率いて優勢な日本艦隊にぶつかって行くような誤りを犯すことになる。その結果は兵術の原則通りアメリカ艦隊の壊滅にきまっているが、それでも彼は性懲りもなく、また軍艦を拵えては、幾度も同じことを繰り返す。これが今後の日米海戦の形なのではあるまいか？」（134〜135ページ）

既述の通り戦時中の日本でも米国の膨大な建艦計画について報じられており、それを不安視する人間が多かったことは、この『日本は勝つ』でも何度も言及され、その不安に対する福永なりの答えがこの部分である。

だが、「予想」という体裁こそ採っているものの、むしろこれは「希望」であり「事態がこう進展すればどれだけ米国が多数の艦を建造しても日本は勝てる」という勝手な前提条件でしかない。

しかし、「敵が愚かで失策を犯す」ことを前提として国策を論じるのは、あまりにも身勝手かつご都合主義であるし、ましてや同じ失策を繰り返すことをさも当然のように主張するようでは、あまりにも米国を甘く見過ぎである。

一見するとこの文は楽観論の展開のように思えるが、むしろ福永自身の米海軍に対する恐れの裏返しなのではないだろうか。

七　海のゲリラ戦

前章までの結論として、日本に対して本格的攻勢に出ることができない米国が次に打つ手として、この章では「潜水艦と飛行機を使って行う海のゲリラ戦」、すなわち通商破壊戦を挙げ、そこで通商破壊への対策と商船の補充、そしてその商船を建造するのに必要な鉄の不足を問題視している。

鉄の不足は当時の日本にとって極めて深刻な問題であった。しかし、本書では読者の不安を解消するためか、鉄鉱石は大東亜共栄圏に豊富にあるとし、その一例として海南島の鉄鉱山についてほぼ二ページ使って細かく説明し、そこで鉄鉱石を運ぶ船さえ都合がつけば、生産した鉄でさらに船を建造し、何もかもうまくいくと述べているのだ。

そこで脅威となる米潜水艦について、以下のように記載されている。

「アメリカ潜水艦の活躍は、相当わが船舶業者の神経を尖らせているようである。いや船舶業者だけでなく、国民一般もだいぶ気にしだしたようである。このごろ外米がこなくなったのも、船腹を倹約するためだ。また陸上の運送がだんだん窮屈になってきたのも、海の上が危険なところから、海運の領分まで陸運が引き受けているからだ、などということが、だんだん判ってきた。そこへ持ってきて敵アメリカは、これから潜水艦を百万トン―二千トンの潜水艦だったら五百隻―も造る計画だときかされて、敵潜水艦によるゲリラ戦を酷く気に病みだした向きも少なくない。『これでは、せっかく大東亜共栄圏をつくっても、物質の交流が出来ない』といって、前途を悲観する者さえある。が、アメリカ潜水艦というものは、そんなに恐るべきものだろうか？」（141～142ページ）

実際には、米海軍が大戦中に建造した潜水艦は二百三隻であり、ここでの記述はかなり多いといえる。

無論、史実において米潜水艦の振るった猛威を見れば、太平洋戦争における日本にとって最大の脅威の一つが米潜水艦だったことに疑いの余地はなく、またそれについて戦時中においても、かなり問題視されていたことが分かるだろう。

福永は、米潜水艦の使える基地が遠いため、稼働できる潜水艦が少なく、また常時敵に狙われながら劣悪な環境で行動する乗組員の疲労も大きくなること、そして何より米国人が

「誰も見ていない海の底で黙々と働くのは張り合いがない」として、潜水艦の乗員に不向きであると唱え、またイギリスのバイウォーターの「太平洋戦争論」をアメリカ人が潜水艦向きでないことの根拠としている。

「同じ西洋人でもドイツ人となると、潜水艦戦は前大戦以来のお家芸だから別だが、とにかくそれやこれやでアメリカの潜水艦ゲリラ戦というものが、日本やドイツの潜水艦戦ほど能率のいいものだとは、私は決して思っていない」(146ページ)

ここでドイツの潜水艦戦を「お家芸」と高く評価しているが、実のところUボートの高名さとは裏腹に、二つの大戦共に開戦前のドイツは他国と比較して特別に潜水艦を重視していたとは言えない。(第二次大戦勃発直前に作成されたドイツ海軍拡張「Z」計画においても、主力は潜水艦ではなく高速戦艦を中心とした水上艦艇であった)

むしろ開戦後に水上艦艇の劣勢を補うため、やむを得ず潜水艦に注力したというのが実態である。言い換えれば、ドイツが特別に潜水艦戦に長けていたのではなく、必要に迫られた結果としてそうなったに過ぎない。つまり米国もドイツと同様に必要だと判断すれば、同じことができるはずであり、実際に米海軍の潜水艦戦は大戦中長足の進歩を遂げて、日本を降伏に追いやる原動力となり、現在も世界最強の潜水艦戦力を有しているのである。

ここでの主張は、「なぜドイツで潜水艦戦がお家芸となったのか」「ドイツに可能なことであれば、同様にアメリカにも可能なのではないのか」という視点が抜けているといわざるを得ない。

「一方、潜水艦というものは、実際の効果以上の恐怖心を敵に抱かせるものである。たとえばたった一隻の潜水艦でもが、日本近海のそこここに現れたということになると、日本中が敵潜水艦に取巻かれたような気がするけれども実際はたった一隻の潜水艦が次々へと現れ出たというだけのことだといったアンバイ。それで今日わが海運業者辺りがビクビクしているのも、調べてみると、活躍している敵潜水艦の数は、ごく少ないのが普通である。これは私がこの前の戦争に、地中海に出征して見た経験から、はっきりそういい切れると信じている」（146～147ページ）

確かに「潜水艦の心理的効果」までは正しいが、当然ながら「少数の潜水艦の活動でも大きな心理的効果がある」ことが「少数の潜水艦しか活動していない」根拠になるわけではない。また後段で「調べてみると」と書きながら「経験から言い切れる」とあることから、米潜水艦の行動を調べたのではなく（現実問題として戦時中には不可能だろう）、あくまでも推測でしかないと思われる。ところで、福永の「地中海に出征して見た経験」だが、この『日本は勝つ』の第三章で、以下のように述べられている。

「私自身も、そのころ地中海に出征して親しくドイツ潜水艦と戦ったものの一人であるが、私は旗艦出雲にいて、地中海で連合国の商船がドイツ潜水艦に沈められるたびごとに、その沈没位置を赤インキで書き込んでいたものであった。ところが一週間もそれを続けていると、なんと地中海が真っ赤になってしまうほど、連合国の船舶はあそこでもここでも、至る所で撃沈されたものであった」（69ページ）

これを見る限り、福永の経験はむしろ潜水艦が重大な脅威であることを裏付けており、この章の主張と相容れないといわざるを得ない。福永はここでも楽観論にこだわる余り、故意に潜水艦を過小評価しているのだと思われる。

いずれにせよこれ以降、日本海軍の働きで米潜水艦の脅威はさらに減少すると予想し、また中国を基地とした航空機による攻撃もたいしたものではないとして、日本の船腹問題は心配することはないと結んでいる。

現実には日本の船舶の損害は、昭和十七年から十九年まで年ごとにほぼ倍々で増大し、敗戦を待たずして日本の海上交通は麻痺する事態となった。

ここでの誤りを結果論から批判するのはたやすいが、「地中海に出征して見た経験」から米潜水艦が恐るに足りないといわれれば、実情を把握できない当時の人間であればそれを信じてしまう方が遥かに多いだろう。

無論、それが誤りだといいきれるのは、筆者が「後世の人間」であるからに過ぎない。

八　海戦の大変化

この章では当時、最新の軍事技術革新であった航空機の発展による海戦の変化について述べている。そこで英海軍のバージ・スコットや米陸軍のミッチェルによる「戦艦不要論」を紹介し、その上で、こういった航空主兵を米海軍が認識せずに大艦巨砲主義一本槍でやってきたとしている。

「……昭和十一年（一九三六年）暮に、海軍軍縮条約が満期になると、やがてアメリカはまた大艦巨砲主義に還って、一九四〇年にアイオワ級四万五千トンの大戦艦を起工し、更にモンタナ級五万八千トン級大々戦艦をも計画するという次第で、『戦艦無用論糞喰へ』という意気込みで、ずうっと大艦巨砲主義一本槍で進んできたのであった」

「その頃のアメリカ海軍では、飛行機というものを戦艦（即ち大砲）にとって代われる主兵器とはまだ認めていなかった。航空兵力には相当力瘤をいれてはいたものの、それを艦隊戦闘に使う補助兵力としか見ていなかった」（154〜155ページ）

この部分の批判は戦後に日本海軍に向けられたものとほぼ同じものである。

実際には両国共に認識に大した違いはなかったのだが、日本海軍が「航空攻撃で戦艦を沈める」先手をとったことから、日本海軍の方が先んじていると見たのは、あながち間違いともいえない。

引き続き「米海軍は航空機で戦艦を撃沈できるとは思っていなかった」点を強調しつつ、ここで「煙幕で艦隊を隠し航空機の着弾観測により一方的に砲撃する」戦術の紹介に力を入れ、ほぼ三ページを使って解説しており、福永がかなり関心をもっていたことがうかがえる。

「ところが、大東亜戦争が始まると、沈まない筈だったその戦艦をば、わが海の荒鷲達は、ハワイでもマレイ沖でも、片っ端から海の底にブクブクと沈めてしまったのである。(中略)これらの紛れもない事実から推して戦艦はもはや今日では、海上の王者ではなくなったのである」(161ページ)
「それにも拘わらず私は、本当のところをいうと、スコット中将のような、戦艦無用論者にはなれないのである」(162ページ)

このように述べて、今後の戦艦の発展・巨大化や航空機に対する防御方法の進歩(怪力線や殺人光線などについて言及している)により、再度戦艦が海上の主役の座に返り咲く可能性にも言及している。確かに長らく各国の海軍の中核であり、国家の威信でもあった戦艦があっさりと消え去ることは、後世の人間でもなければ分かるまい。

過去、実際に「戦闘機不要論」「戦車不要論」など主力兵器の不要論が主張されることは幾度もあり、はなはだしくは核兵器の発展から「通常兵器不要論」まで一時期は飛び出したが、実際に不要となったものはほとんどなく、戦艦のようにごく短期間にその価値を失ったモノの方が例外的存在なのである。当時の人間が「戦艦不要論」に疑義を持ったとしても、それは何らおかしなことではない。

ここで福永は戦艦の価値を認めつつも、それはあくまでも将来の話題であるとして、大戦に間に合わないことから、米海軍が航空母艦に力を入れ始めたことについて述べている。

「とにかくアメリカ海軍では、ハワイ海戦・マレイ沖海戦・珊瑚海海戦などの結果を見て驚いたのである。今までは補助兵器とばかり思っていた飛行機が一足飛びに主兵器となって舞台に現れてきたのには吃驚した。そこで奴さんは、これまで何十年と頭にこびり着いていた大艦巨砲主義をサラリと西の海に投げ棄てて、こんどは航空母艦第一主義に看板を塗り換えた。（中略）そこで戦艦はアト廻しにして、とにもかくにも航空母艦に力瘤を入れるというので、前に述べた五万八千トンのモンタナ級五隻の建造計画はこの際止めにすることにして、その代り軍艦と商船三十五隻を航空母艦に仕立て換えると言い出した。なおそのほかに、今後二年間に本物の航空母艦五十万トンそのほかをつくる計画だということは、前に何度も述べた」（164～165ページ）

この部分は単なる米海軍の路線変更の紹介であるが、戦前の米海軍の空母が七隻、約十五万トンであったことを考えれば、こういった報道が多くの国民に戦争の前途を悲観とまでは言わなくとも不安にさせたのは確かであろう。
ただ、ここで挙げられた「軍艦と商船三十五隻」の内訳はよく分からない。無論、戦時中のことでありどのような報道がされていたのかは不明だが、これまでのところおおむね正しい情報を得ていたことを考えると、軽巡の船体を流用したインディペンデンス級軽空母九隻に加えて、商船改造ボーグ級空母三十七隻のうち、英海軍に引き渡された二十六隻の情報を誤解して、合計三十五隻としたのではないかと思われる。

「こうして航空母艦の整備に努めると同時に、アメリカはまた陸上の飛行場から飛び出す航空隊—基地航空隊—にも大変な肩の入れようである。（中略）アメリカは、日本と違って土地を開墾したり、耕したりするのにも機械を使う国だから、飛行場をつくるのにも同じ筆法でアッという間に出来上がらせてしまう。人夫を何千人も使って地均しをやるというようなことはやらない。それに比べると日本人はどうも機械を使いたがらないが、この癖は早く直さなければいけない。今は機械化時代である。戦車や自動車ばかりでなく、石炭の増産にも、船の荷役にもドシドシ機械を使って能率を上げるようにしなければ、総力戦には勝てないということを考えて貰いたい」（166〜167ページ）

米軍の飛行場整備をはじめとする、ずば抜けた機械力が戦局を大きく左右したことは広く知られているが、戦時中の日本でもこの点については認識されていたことがこの文からうかがえるがえる。また、「日本人はどうも機械を使いたがらない」とあるが、実のところ日本軍が機械化に遅れをとったのは、日本の工業力の劣勢もあるのだが、世界恐慌以降の日本では失業者対策に土木工事を人力でまかなったことが大きく、この結果として日本国内では土木作業用の大型工事機械がほとんどなく、戦時中の日本軍の土木作業能力を大きく制限してしまったのだ。

引き続いて、「空母と基地航空隊のどちらが有利か」について言及している。内容そのものはありきたりで、「空母は航空機をどこにでも運べるが、空母は非常に脆い艦であり、艦載機にも制限が大きい」「陸上基地は空母のような制限とは無縁だが動けない」点を挙げ、マレー沖海戦の戦艦二隻撃沈の戦果を根拠に、基地航空部隊の威力を論じ、航空基地に艦隊が近づくことが非常に困難になったと主張しているのだ。

しかし、福永はここで史実の日本軍と同じ誤りを犯している。史実では大戦後半、米機動部隊の前に日本の基地航空部隊は、紙上の戦力ではそう劣っていたわけではなかったにもかかわらず、一度として米機動部隊の跳梁を阻止することが出来ず、ほぼ一方的に叩きのめされている。

これは基地航空部隊がいかに大兵力を有しようとも、広大な太平洋上の島々にばらまかれ、基地が一百キロ単位で離れているのも当たり前で、互いの連携を非常に制限された状態で戦わねばならないのに対し、機動部隊は戦力を集中して運用できるため、基地航空部隊は各個撃破されてしまうからである。

「これは日本にとって少し厄介なことでなければならない。なぜかというのに開戦この方レンネル島沖海戦までのわが大戦果にも拘わらず、アメリカがなかなか参らない。飛行機のなかった時代には、またあっても今日程進歩していなかった時代には、艦隊が敗れれば――制海権を失えば――、既に詳しく述べた通り、艦隊の再建は殆ど出来ない相談なので、多く戦意を失うものだったことは、日露戦争の例を見ても判る通りだが、こんどはそうでない。艦隊復興は難しいかも知れないが、飛行機ならその性質上短い月日の間に沢山造ることができるし、その大量生産はアメリカとしては最も得意とするところだ」（171～172ページ）

福永はこのように、米国の航空機増産に警鐘を鳴らしてはいるが、同時に米国の生産数が多くとも、その中から英国やソ連に供給した上で、米国自身が欧州戦線で使用するものが多数あるため、日本に向けることができるのは一部に過ぎないと説いている。

確かにこの指摘そのものは正しいのだが、一つ重要な点が見落とされている。それは日本軍もまた同様に、全戦力を米軍に向けることができないという事実である。

時期によってその比率は異なるが、日本軍も特に陸軍航空隊は大陸における戦闘に太平洋戦線以上の戦力を割いており、陸上戦力も大半を大陸に投入している陸軍にとって対米戦は

「片手間仕事」に近い状況であった。

もちろん、福永がそういった実態を正確に把握していたとは考えられないが、それでも日本軍が各地の戦場に戦力を分散させていることは知らなかったはずがない。故意か無意識かは別として、ここでも都合の悪い点に言及することを避けているように思われる。

「いままでの成績では、日本の一機に対してアメリカは二機乃至四機を失っている勘定である。今後もこの調子で続くものとすると、何も、敵が日本に向ける飛行機と同じ数を造る必要はない。その三分の一も造ればいいわけだが、目標としてはどこ迄もアメリカの日本向け航空機と同じ数をつくることにして、ドシドシ増産をやるべきである。

量も大切だが、飛行機の質はそれ以上大切である。いま戦っているのも第一級の品だろうが、これが設計や製作に当る人達は、それこそ死にもの狂いの勉強をして、敵国よりも優れた性能の飛行機を造り上げていただきたいものである。

がしかし、飛行機そのものは死んだ物で、これを活かして使うのは人の力だから、大切なのは何と言っても人である。この、人の点でわが飛行機乗りが敵国のそれより断然すぐれているのは頼もしい限りである。

しかし飛行機の戦いは一大消耗戦だから、日本としても飛行機乗りの養成にはうんと力を注がなければならない。陸軍航空士官学校、海軍兵学校、陸海軍の少年飛行兵養成所、海軍航空予備士官養成所、などでは、全国の青少年に対して、手を挙げて入校を待

っている。われと思わん者はドシドシ飛行機乗りを志願して、敵機を太平洋の空に蹴散らして貰いたい」（175～176ページ）

恐らく当時の日本人の多くは、ここで示されているものとほぼ同じ認識を持っていたであろう。それどころか現在でも、「日本が連合国に負けたのは物量によるもので、質では劣っていなかった」とする意見は根強く残っている。

実際には、大戦初期は連合軍が日本軍を侮って太平洋方面に二線級の戦力を回していたこともあり、日本軍が質・量共に優勢であったが、その優勢はせいぜい半年しか保たず、大戦後半は数の面でも質の面でも圧倒的な差をつけられてしまった。

もちろん、ここで後世の知識からその誤りを指摘しても意味はない。

大勢の日本人が航空戦にとどまらず、戦争全体における日本の優勢を信じたのは、数々の誇大な戦果報告の影響もあるだろうが、何より太平洋戦争の開戦から半年で日本軍がいともたやすく東南アジアから欧米の戦力を駆逐し、またこの時点でも日本は開戦劈頭に占領した地域の大部分を確保していたことがその裏付けとなっていたであろうことは想像にかたくない。

戦後の視点で見れば、この文が書かれた昭和十八年の前半には既に日本の勝利の可能性は全くない状況であり、講和への道を模索するべき時期だったのだが、広大な連合国の領域を支配していた事実が、かえってただでさえ覚束ない講和への道をより険しくしてしまっていたといえる。

「最後に成層圏飛行機の事について一言したい。目下アメリカは成層圏飛行機の完成を急いでいるとのことで、これが出来次第東京爆撃を決行するのだそうである。で、わが国民の中には、この話をきいてだいぶ神経を尖らせている者もあるようである」（176～177ページ）

「しかし、何もこれら大遠距離爆撃機をそんなに恐れるには当たらない。敵が造っているのなら、こっちも造って、敵よりも早くそれを出来上がらせて、日本の方が少し早目にワシントンなりニューヨークなりを爆撃してやったらいいではないか！　アメリカ市民には、まだ自分の国の負けいくさの真相がよく判っていないらしいから、一つその心臓部に飛び込んで行って、彼等に思い知らせてやるのがいいのである。

大遠距離飛行のことは日本でもいろいろ研究していることだろうが、なるたけ早く出かして貰いたいものである。愚図愚図していると、ワシントンやニューヨーク爆撃はドイツやイタリアの大遠距離爆撃機に先を越されてしまうオソレがある」（178ページ）

この文を見る限り、大戦中期には日本でも新型の爆撃機による大遠距離攻撃については、むしろその威力が過大に評価されていたことがわかる。そして日本が空襲された場合については、以下のように述べている。

「それにしても東京空襲は、こちらもまた覚悟しなければならない。それで防空のことは一日も忽に出来ないわけであるが、しかし、空襲々と言って無暗に恐れることは一つもない。というのは、空襲だけでは、国は決して滅びるものではないのである。（中略）不幸にして万一、関東大震災のときのように、東京が焼け野原になったところで、それで日本がなくなったのでも何でもない。『なあに、東京が焼けても、日本にはまだ大阪もあれば、名古屋もあるではないか？』といったぐらいな、太い神経の持主にならなければ、米英相手の大戦争は勝ちぬけるものではない」（179ページ）

福永はここで、空襲を受けた実例としてロンドンと重慶を挙げている。またこの文が書かれた以降から激しさを増した、ドイツに対する戦略爆撃もまた「空襲だけで国は滅びない」実例になったであろうことは想像にかたくない。

B29による戦略爆撃が日本の降伏に大きな影響を及ぼしたことを考えれば、こういった認識が誤りであったのは確かである。

しかし、戦史を見ればむしろ空爆が決定打となった日本の方が例外であり、ここで例として挙げられているロンドンや重慶はもちろん、第二次大戦のドイツや昨今のイラクやアフガンでも、空爆だけでは相手を屈服させることはできず、最終的には地上軍の進撃と占領を必要としたのだ。（なお、「爆撃は『トドメの一撃』に過ぎず、本土空襲の時点で既に船舶の大被

害による海上輸送の壊滅と労働力の不足により、事実上日本経済は破綻していた」とする意見も強い）

また、朝鮮戦争やベトナム戦争のように、圧倒的な空襲を受けてもそれに耐えて戦争を続行した例もある。

この時期の日本の場合は、特に初の日本本土空襲となった名高いドゥーリットル空襲（昭和十七年四月十八日）が、物理的な戦果をほとんど挙げることができなかったにも関わらず、逆に心理的な影響が大きかったことで、その反動として空襲を侮らせる結果になったのではあるまいか。

ロンドンや重慶爆撃の戦果が誇大に報道され、それでも英国や中国が屈服しなかったことで、今度は日本が空襲された場合についても、その影響を軽く見ることに繋がったと思われる。

こういった一連の「空襲で国は滅びない」という「前例」の存在こそが、日本に対する空襲を軽視させる原因となったとすれば、皮肉な話である。

九　総力戦だ

ここでは当時、広く使われていた「総力戦」について言及されている。

現在、日本では「太平洋戦争における日本は、第一次大戦に始まった国家総力戦の時代に取り残され、戦争指導が実態と合っていなかった」とする指摘は多い。

当然のことながら福永は戦争指導とは全く無関係の人間であるが、当時の日本国内で「総力戦」がどのように受けとめられていたかを知る手がかりとはなるだろう。

「まず『総力戦』の意味であるが、これはこういうことなのである。現代の戦争というものは精神力、武力、政治力、経済力、科学力など、国家総力を挙げての激烈深刻な総合戦ということなのである。従って今日の戦争は、軍人ばかりでなくて、国民全体が戦わなければならないのである。つまり国民一人一人がみんな戦士となるのである。そうでなければ、長期持久戦の覚悟が要る現代の戦争に勝つことは出来ないのである」（180～181ページ）

示されている認識そのものは、現在一般にいわれている「総力戦」と特別異なる点があるわけではない。

ただ、現実には昨今の日本でもよく言われるいろいろな「改革」などと同様に、この「総力戦」も言葉ばかりが先行し、陸海軍同士ですら「日日戦争」と揶揄されるほど内紛が激しく、実態が伴っていなかったことはよく知られている。

だが、そのような実態を知るよしもない著者は、「総力戦」の中でも思想戦や経済戦を重視する見解をいさめ、武力戦の勝利が何よりも重要であると説く。

そして、第一次大戦のドイツが「武力戦で勝利したが、経済戦で負けたために戦争に敗れた」とする主張を批判した上で、石原莞爾の著作『国防政治論』を引用して、「ドイツが武力戦において敗れた」「総力戦では武力戦の価値が特に大きい」ことを強調している。

「一方海軍による武力戦では制海権を取られた方を負けとしたものだが、制海権を取るのには艦隊決戦による法と封鎖による法の二つがある。ドイツは、主にこの後の法即イギリス大艦隊による封鎖でもって制海権を握られてしまったのである」（184ページ）

「……ドイツ人達が、『われわれは武力で負けたのではない、飢餓のために屈服したのである』とか『その飢餓のために思想が悪化して負けたのである』とかいう、その飢餓にしたところで、その由って起こったもとはといえば、要するにイギリス海軍の海上封鎖がモノをいって、海から食料が入ってこなくなったためではないのか？　あのドイツ大商船隊が、戦前同様に七つの海を横行闊歩出来たならば、ドイツは決して飢餓なんかに陥りはしなかったのである。それが、ハンブルグやブレーメン辺りに窒息を余儀なくされたのは、ドイツ海軍が制海権を獲得出来なかったため――言い換えれば海の武力戦で連合国側に負けたからでは無かったか！」（186ページ）

ここで述べられている「封鎖」とは、優勢な戦力でもって敵艦隊を港に封じ込めることを指すと思われ、また後段の文で挙げられている「海上封鎖」は、どちらかといえば「制海権を取る手段」ではなく「制海権を得た結果」だと評価すべきである。

通商破壊について触れられていないのは、第七章「海のゲリラ戦」において既に取り上げ
ていたこともあるだろうが、何より問題視していなかったからだろう。
繰り返しになるが、現実に日本は制海権を確保していながら、商船隊は米潜水艦の通商破
壊により大被害を受け、戦争遂行に重大な支障を来していたのだ。
皮肉にもここの文は、福永自身の「総力戦」に対する認識の甘さを示しているといえよう。
さらに続く文では、日本には米英に対する敵愾心が足りないとして、第一次大戦で英国士
官がホテルでドイツ製の皿を叩き割ったエピソードを紹介した上で、日本では英米の製品を
愛用している人間が多くいることを問題視している。

「敵国崇拝といえば、わが国ではいまだに敵国の言葉をむやみに崇拝しているが、これ
は実に怪しからん話である。私は最近横浜に行って驚いた。横浜市の万国橋の手前に、
赤煉瓦の大きな建物がある。仰向いて見ると上の方に、大きな字でSILK
CONDITIONING HOUSE と書いてある。はてな、戦争中敵国のどういう建物が建
っているのかと思ってよく見ると下の方にそれよりも少し小さい字で農林省生糸検査所
とある。大日本帝国の堂々たるお役所が敵性語で自分の名を書いているのだ。イギリス
やアメリカの○○地か○国（注・伏せ字の部分は『植民地か属国』であろう）でなけれ
ば見られないようなことを政府が先に立ってやっているとは情けない」（192～193ページ）

さらにここから十ページを費やして、日本国内に英語が蔓延し、また日本の役所や学校が率先して英語を使っていることが、その風潮を助長していると日本政府をも批判している。戦時中でも現在と同様に、役人が耳慣れない横文字を使って相手を煙に巻くことが頻繁に行なわれていたのがうかがえよう。

「……防諜という意味からいっても、敵国語を尊重する者はどうもスパイ行為を働き易いから、これは速に叩き出さなくてはならない」(199ページ)

「今のような生半可な英語教育では、敵を知るという利益よりも、敵の思想謀略にかかったり、敵国を崇拝したりする弊害の方が多くなるだけのことだ」(200ページ)

ここでの主張は、現在の日本ではむしろ「笑い話」に属するかもしれない。しかし、世界的に見れば「外国語の追放・禁止」そのものは特に珍しいものではなく、比較的最近でも旧ユーゴなどで敵対する民族の言語を抑圧した例がある。

結局のところ人間の考えることには、古今東西を問わず大した違いはないのである。とはいえ、戦後は批判の強い「敵国(敵性)語追放」だが、こういった記述を見ると少なからぬ人間が、自発的に良かれと思って大まじめに取り組んでいたことがうかがえる。むしろ政府よりも、民間のそういった人間の方が熱心だったのだろう。実際にこの文からは(一部に伏せ字があるとはいえ)、戦時中でも大っぴらに政府批判が行なえたことが分かるだろう。

何にせよ今現在、広く真剣に議論されていることが、後世の笑い話になることもあり得るということである。

「思想戦ばかりでなく、経済戦でも、われわれはアメリカに勝たなければならない。殊に軍需品の生産では、アメリカの生産力が大きいだけに、その方面に従っている産業戦士達には、特別に奮発を望むところである。どうもわが国は、連戦連勝の結果戦線が遠退いたためか、戦争を身近に感じていないで、また平時のようなノンビリした気分の人や、戦争のことは兵隊さんにお委せしたといってノホホンと構えている人が産業戦士辺りにも少なくないのには困ったことである」（202〜203ページ）

福永はこの記述の後に、企業の社長や重役が「総力戦」を理解しないで生産向上を疎かにすれば、日本の勝利は覚束なくなるとして檄を飛ばしている。

だが実のところ、こういった「総力戦」「生産向上」の掛け声とは裏腹に、大戦中期のこの段階でも日本国内では生産設備の拡大により、戦後に設備過剰になることを心配していた人間が多かった。

皮肉にもこれは誇大な戦果報告による楽観論の蔓延、そして何より第一次大戦時の好景気に伴う過大な設備投資が、その後の不景気で深刻な事態を招いたことに対する企業人の「反省」によるものだったのだ。

結局、昭和十九年に入り、さらなる戦局の緊迫から、政府もなりふり構わず軍需生産の拡大に乗り出したが、その時には日本経済の生命線である海上交通路は寸断され、また多くの熟練工が召集され、全ては水泡に帰したのである。

いずれにせよここでは国内の平時気分を批判した上で、国民を奮い立たせるために以下のように主張している。

「……新聞・ラジオ・ニュース映画などでもっとジャンジャン第一線の真相を国民に知らせさえすれば、国民もハッと気が付いて緊張すること請合いである。戦況も、作戦上秘密にして置かねばならないものは別として、出来るだけ詳しく知らせて貰いたいものである。現地報道班員の報道などはことに効き目があると思う。また、勝った勝ったばかりでなく、皇軍苦戦の有様なども大に薬になる」(206ページ)

「戦時中の日本では誇大な戦果報告や敗北の隠蔽により、日本国民は勝ち戦の話しか聞かされていなかった」といわれることは多い。

そのような情報操作が行なわれていたのは一面の事実ではあるが、全体を見ればそれほど単純な話ではない。

たとえば、ガダルカナルやニューギニアで日本兵が飢えと疫病に苦しみ、圧倒的優勢な米軍相手に部隊が全滅する有様についても当時、普通に報道・出版された書籍に記述されており、すでに前線では日本軍がかなりの苦境に立たされていたことは、国民一般に広く知られた話でもあったのだ。

だが、この文が書かれた昭和十八年の前半においても日本は各地で苦戦はあったものの、開戦直後に占領した地域のほとんどをいまだ確保し続けている状況でもあり、広大な占領地全体と比較すれば、苦戦している地域などほんの辺境の一戦場に過ぎない、と見えてしまう人間が大部分だったのではなかろうか。

表面的な事象だけに目を奪われず、冷徹に将来を見通すことがいかに難しいかを、この文は物語っているように思われる。

一〇 長期戦か短期戦か

ここでは太平洋戦争が昭和十八年以降、長期戦になるか短期戦になるかについての分析が記してある。

「日本とアメリカとは、第一に距離が非常に遠い。（中略）しかもこの遠い二国の間には太平洋五千海里が深い水を湛えている。そしてこの太平洋が（日本にとってもそうだが）アメリカにとって大きな防御力となっていることは、大阪城のお濠どころの段じゃない。それで、この地図（注・末尾に太平洋の地図が付録としてついている）を見た途端に、誰しも日米戦争は長期化するということを直観する筈である。

またアメリカはイギリスと違って自給自足の大方出来る国である。イギリスのような国でさえ、ドイツの逆封鎖に対してこんなにねばっているのだから、自給自足の大方出来るというアメリカを、海上封鎖でもって屈服させることは難しい」（208～209ページ）

地理的にも経済的にも日本が米国を屈服させることは困難で、またこの文以降にはさらに日本が米本土を直接攻撃することは不可能であると説いている。つまり、太平洋戦争は長期戦になるように思えると解説しつつ、また世間一般にも長期戦だとする認識が広まっている点に言及しながらも、ここではそれについて別の見方を示している。

「しかし、私の見るところは少し違って、この戦争は存外短期戦なのではないかと思っている。ルーズベルトが一九四四年の反撃だとか、いや今年のうちにそれを決行するのだとかいっているのは、ルーズベルトが戦争を早く片付けたいところから言っているように、私には思われてならないのである。速戦即決は誰でも理想とするところだけれども、ルーズベルトのは長期戦は却って日本に有利で、アメリカに不利だと思ってのあせりから来ているのだと思われる節がある」（214ページ）

この根拠として、日本が大東亜共栄圏を打ち立てて豊かな資源を手に入れたのに対して、米国はゴムや絹などの資源が不足する。そして高度な産業では一部の資源（福永は「アメリカのアキレス腱」と呼んでいる）がなくなっただけで運転が止まってしまうために、米国にとって長期戦は不利と述べている。

「……いままで長期戦長期戦といっていた、その長期戦が却ってアメリカに不利だということを悟って、どうやら短期戦でやってきそうになってきた。果たしてそうだとすれば、これは前にも述べた通り、日本海軍を追い越して六割以上も優勢になるのが待ち切れないで出撃してくるのだから、所謂不十分な兵力を提げて、出てきては敲かれ、出てきては敲かれることを繰り返して段々と戦意を失くして、行くことになるのではないか！」（219～220ページ）

ここは第六章「攻勢は採れない」で述べた内容を補強する形で論を展開している。しかし、その後の戦局を見るまでもなく、当時の日本でも米国が膨大な兵器生産に乗り出していたことが広く知られており、それを気に病んでいる人間が少なくなかったことは何度もこの『日本は勝つ』でも言及されていることからすれば、ここでの主張はやはり米国の巨大な生産力に対する、世間一般そして福永自身の恐れを払拭するために、自らの希望する都合の良い展開を描いているように見える。

しかし、「戦争は短期に片づく」と繰り返しつつも、やってきた米軍をその都度撃破するにしても時間がかかり、また「アメリカのアキレス腱」にしても過度に期待はできないとして、長期戦への備えも唱え、そしてその上で、「戦争は短期に片付く」として以下のように説いている。

「問題は大東亜にあるのだから、もしも西太平洋に、或は大東亜共栄圏に、敵の陸海軍兵力が及ばないようになれば、もうそれでいいのではないか。あとはわれわれの力、いや大東亜共栄圏中の総力を挙げて、大東亜の開発に従うと同時に、運輸交通を盛んにして、有無相通じるようにしさえすれば、それでいいのではないか。それでもう百パーセント戦争目的を達したといえるのではないか」（222ページ）

「こうして太平洋上に不敗の態勢が出来上がって、敵の兵力がやってこられないことになれば、しめたもので、それでもう日米戦争は終わったも同様だと見ることが出来るのではないか。勿論そうなったからとてアメリカは参ったとは言わないかも知れないけれども、とにかくこちらは戦争目的を果たしてしまったのだから構うことはない、こちらだけで一方的に『戦争は終わった』と宣言してやる。ラジオのアメリカ向け放送で、耳にタコが出来るほど『日米戦争終わり』の宣言を繰り返してやるがいい。（中略）こう考えると、この戦争は形としては長期戦だけれども正味は短期戦となるのではないか」（225～226ページ）

このような主張が当時の日本における主流の考えだったかどうかは不明だが、それに近いものが広まっていたか、少なくとも一定の影響力を持っていたとすれば、これまで何度も言及されているように米国の強大な国力について知られていながら、日本の一般市民が「対米戦の勝算あり」と受けとめてしまったのも理解できる。

実際にはよく知られている通り、日本の国力と船舶事情、そして米潜水艦による通商破壊作戦により物資の輸送は思うに任せなかったのだが、それを抜きに考えても後世の目から見れば、戦争終結についての認識に決定的な誤謬がある。

ここでは、「アメリカは参ったとは言わないかも知れない」と一応は書いてあるものの、明らかに日本側の判断によって自国に有利な状況を固定した上で、一方的に戦争を打ち切ることができる、いうなれば太平洋戦争を日本の「勝ち逃げ」で終わらせるという前提で話が進められている。

結論からいえば、そのようなことは不可能であった。

仮に日本と連合国との講和が可能になるとすれば、それは中国大陸や南方の占領地の大半から日本が撤退すること抜きにはあり得ない話であり、そのような内容で講和条約を結ぶのは、絶対に国内世論が受け入れなかったであろう。

逆説的にいえば、日本が連合国と講和できるのならば、日中戦争も早期に解決し、そもそも大戦に突入すること自体がなかったといえる。

何より日本が戦争目的を達成することは、逆に連合国側から見ればあってはならない事態であり、日本が実力で米国を屈服させることができない以上、仮にここで示されたとおり全てがうまく進んだのならばなおのこと、それをひっくり返すべく連合国側が躍起になって攻勢に出てくるのは当然の帰結であるし、短期戦でそれが成し遂げられないなら、長期戦にもつれ込ませようとするのは何ら不思議でもない。

後世の視点からはどう考えてもあり得ない「勝ち逃げ」だが、それが可能だと思われた、というよりはそれしか日本が勝利できる可能性はなかった故に、それにすがりつかねばならなかったのだろうか。

一一、悲観か楽観か

最後の章であるここでは今後の戦争への取り組み方、および対米戦がいかなる戦争なのかについて述べてある。

「まったくの話が、ここ一、二年が大事なのである。ここ一、二年で本格的な不敗の態勢をデッチ上げてしまえば、日本の勝利はテコでも動かないといったビクともしないものになるのである。（中略）『長期戦ならマラソン競争と同じだ。百メートル競走の積りで駆け出そうものなら、途中で息切れしてへたばってしまう。どうれ御同役、ソロソロまいるとしようじゃないか』と言うような気分を起こす人間が出てくるのだ。こんな気分で増産に掛かられたらヤリ切れたものではない。私は、方々の軍需工場へも行って見たが、長期戦の宣撫が利きすぎて、産業人の中にはそうした考えを持った人がいるのに驚いたことがある。長期戦も、どうか休み休み言って貰いたいものである。五年先に十万機の飛行機が出来るよりも、いま即座に一万機——いや五千機でもいい——の飛行機が出来ることこそ必要なのではないか！」（227～228ページ）

戦時中の日本において掛け声とは裏腹に、増産が思うに任せなかったのはよくいわれている。もちろん、それには数々の要因が存在しているが、ここで主張しているように「長期戦だから」と増産に消極的になった人間もいれば、第九章について述べたように「短期戦だから」と乗り気にならなかった人間もまたいたのだ。

結局のところ、大戦中の日本では「総力戦」という言葉こそ朝野にあふれていたが、実際には掛け声倒れに終わっていたといえよう。

敢えていえば「人間は何かと理由をつけては手を抜きたがるもの」であり、当時の企業人を動かしていたのも冷徹な「浮世の利」でしかなかったのである。

「戦争には、最後の五分間が大切だということは決して嘘ではない。戦争が長引くと、敵味方ともにヘトヘトに疲れる。そこで最後の五分間を頑張った方が勝つという結果になることもある。がしかし、それよりも先に、私は最初の五分間が更に一層大事だということを言いたいのである」（228ページ）

この文以降、著者は緒戦、すなわち「最初の五分間」で日本が大勝利を挙げたことから、米国の軍事力・戦略態勢が大幅に悪化しており、後は日本が不敗の態勢を造り上げれば米国はもうどうしようもない、と主張している。

すでに日本の勝利はあり得ない状況であった大戦中期の時点でも、日本が緒戦に勝利を収め、まだ広大な占領地を獲得していたことが、戦局の前途を楽観視させ、その後の連合軍の反撃を侮らせてしまったことがうかがえる。

未曾有の不景気を招いたバブル崩壊と同様に、「成功体験の誤った分析」がその後に大きな破局を招いてしまうのである。

さらに引き続いて、これまで著者が繰り返してきたように、米国が日本より弱体な海軍と空軍で侵攻する度に撃退され、その内に莫大な戦費に悩まされると説き、次のような主張を行なっている。

「事の起こりは前にもいった通り、アメリカのアジヤ進出にあるのだが、それはアメリカにとってはただもっと儲かるかどうかの第二義的意味しかない」

「日本にとっては生きるか死ぬかの問題が、アメリカにとっては儲かるか儲からないかの問題でしかないということは、この際大事なことである。これだけの違いから、日本人は真剣になって戦う戦意と勇気が出る。反対にアメリカ人は、それ程までに乗り気になれない。日米戦争は、この見地だけから言っても日本が勝つにきまっているのであ

る」（235ページ）

これも当時の日本では、同様の主張が広く人口に膾炙していたであろう。また、似たような主張は湾岸戦争やアフガンにおいても「米国は苦戦する」といった主張の根拠として挙げられていた。

しかし、一見するとかなり説得力がありそうなこういった主張だが、実際には欧米列強が「儲かるため」に行なった植民地支配の過程で、多くの国家・民族を滅ぼした事実を考えてみれば明らかな通り、全く実態にはそぐわない。

植民地支配が「キリスト教の布教」を初めとする「世界の文明化は白人の責務」とする建前で行なわれたように（このため現在でも旧植民地では欧米諸国からの民主化要求が「キリスト教の布教」と同様に内政干渉の新たな大義名分ではないかと警戒する見方も強い）、人間はやはり建前に大きく影響されるものなのだ。

また、それとは逆に「生存のため」であったはずの日本の方でも、多くの人間が「儲かるため」に目先の利益を追っており、国家全体として見ても「日日戦争」とまでいわれるほど深刻な陸海軍の争いを抱えていた日本の方が、むしろ戦争指導の統一性で劣っていた。

結局のところ、このような単純な区分けが全く意味をなさないのは明らかである。それなりに説得力がありそうでも、現実に照らせば無意味な主張が、現在でもしばしば見うけられるところは、常に心に留め置かねばならない点だろう。

「こうしてうまく大東亜共栄圏が確立されれば、日本の前途は大したものである。（中略）今日われわれが足らん、足らんといっているものは、みんな大東亜共栄圏にある」（238ページ）

ここで「大東亜共栄圏」における資源の豊富さを述べた上で、戦争に勝利した後のことについて以下のように述べている。

「そうなった暁には、日本はもう持たざる国ではなくて、品物によっては持てあます国になる。（中略）日本の前途が、このように朗らかなものであるとすれば、国債などは非常に貴いものになる。こうして日本が持てる国になれば、国民生活も向上して来ることだろう。これは早くいえば、われわれが非常な物持ちになることであるが、それを少しもわれわれは遠慮することは要らない。金持ちや物持ちに喜んでなってもよろしい。またそれを目当てに、今日一生懸命努力していいのである、日本では、そういうことを口にするのを人が憚るようだけれども、何も遠慮することはない。勿論、それだけで国の理想を忘れたらいけないけれども、そうでなければ、大東亜に発展して大いに国が富むのはこの上ない結構なことなのである」（240～241ページ）

多くの国民が戦争を支持した要因の一つが、過去の戦争における「日本の輝かしい勝利」とそれによる「国際的地位の向上」「国家の発展」の再現を夢見たことであろう。

福永の認識も、そういった「成功体験」を下敷きにしているのは間違いない。

しかし当時の日本では国民も、政府も、そして軍部すらも過去の「勝利の栄光」は継承していても、それを成し遂げた人間たちの持っていた高度な「バランス感覚」や「現実主義」は受け継がず、むしろ「必要であることなら実行可能」「やろうとすればできる」といった幼稚な精神主義に陥ってしまっていたのである。

そして、決して特権的な存在ではなかった先人たちの栄光を受け継ぐために養成された軍のエリートが、特権的なエリートであったからこそなおのこと、現実離れした精神主義に染まっていたのは、皮肉としかいいようがあるまい。

これについては、日本陸軍が組織面で参照した帝政ドイツ軍も同じような失敗を第一次大戦時に犯しており、結局のところ自ら成し遂げたものではない功績を、ただ「成功」としてのみ単純化して教えられ、その「成功」の影に複雑に絡まり合った「現実」が有ったことが忘れられたとき、人間は切り捨てた「現実」に足下をすくわれるのである。

「読者の中には、私の述べていることが初めから終いまで楽観的なので、国民を誤る虞がありはしないかと懸念される方もあろうが、しかし、私は決して嘘を言っているのではない。どうしても日本が勝つようになっているから勝つというまでのことである。楽観は禁物だという人があるけれども、それなら国民は戦局の前途を悲観したらいかというと、冗談じゃない。そんなことをしたら国民の元気はショゲてしまって、勝てる戦争も負けてしまう。アメリカ人やイギリス人はどうか知らないが、われわれ日本人は前途を悲観することによって元気を振るい起こすことは絶対に出来ないのである」（241ページ）

本人は善意で主張しているのだろうが、こういった善意こそが戦時中に悲観的な見通しを唱えづらくさせ、決して少なくはなかった講和を模索する動きを阻害してしまったといえるだろう。

戦後の一時期広く唱えられ、現在でも一部に見られる「戦争に備えることは戦争を引き起こすことを望んでいるからだ」といった無茶な主張と同様に、当時も悲観論を唱えることは敗北を望んでいると非難する向きが一般に広く存在していたのだ。

【総括】

筆者がこの『日本は勝つ』を読んで受けた強い印象は、内容の是非そのものではなく、かつてバブル期において多数、出版されていた「日本は今後、米国を追い越しますます発展する」という風潮の本との類似性である。

恐らくかなりの程度、双方の心理は共通しているのだろう。日本という国が米国という強大な国家に対して優位に立った（ように見えた）ことによる優越感があり、また読者に対する受けを考えてこのような内容としたのだろう。

現在、広くいわれている俗説、たとえば「戦前、戦中には『戦争に負けるかもしれない』と口にすることはできなかった」「日本国民は米国の生産力について全く知ることができなかった」等が、実のところはかなり疑わしいものであることも分かる。（戦前・戦中に現代と同じレベルでの言論の自由があったわけではない。たとえば昭和七年に水野廣徳が日米仮想戦において東京が大空襲を受け、焼け野原となる様を描いた『打開か破滅か　興亡の此一戦』が発禁になったように多くの制限があり、また戦時中にはさらに統制が強化されていったのは、紛れもない事実である）

それらに根拠がないわけではないが、どちらかといえば戦後になって意図的に流布された「神話」ではなかろうか。つまり当時、戦争を自発的に支持した大多数の人間やマスコミが、「～だから戦争を支持せざるを得なかったのだ」とする言い訳のために、実態以上に誇張されているといえる。

これは同じ敗戦国であるドイツが、「ドイツ人もまたナチスの被害者。ナチスの敗北によりドイツ人は解放された」「戦争犯罪行為は全て個人の罪でありドイツ国防軍とは無関係」

等といった「神話」を主張しているのと同様であろう。

加えて太平洋戦争を後世の目で見れば、まず勝ち目のない戦争に多くの国民が熱狂したという非合理さが理解しづらいため——バブル期を知らない世代が、当時の異常な投機熱を実感しづらいように——その非合理な事実に対し手軽な説明を求める心理が、一見それなりに合理的な答えに飛びつく下地となっている面があるかもしれない。

この『日本は勝つ』のように戦時中、勝利を唱えた書籍を「時代におもねったもの」とする評価は多いし、確かにそれは一面の真理である。だが、当事者はむしろ「時代の最先端を進んでいる」ことを確信していたに違いないのだ。

本書の出版以降、戦局は加速度をつけて悪化し二年あまり後、日本は降伏を余儀なくされてしまうことになる。

現在では、「そこまで事態が悪化するまでなぜ戦ったのか」といわれることが多いが、この『日本は勝つ』のような存在が、さしずめバブル期に「時代の最先端」として無茶な投資を煽り、その崩壊による被害をより深刻化させた言論活動と同じような働きをしていたといえるだろう。

結局のところ、「時流に迎合している」のか「最先端を進んでいる」のかも、また後世の評価を待たねばならないものであり、その渦中にいる当事者がそれを実感するのは非常に難しいのだ。

これは当然、現在の我々も教訓として常に意識しておくべきことである。

あとがき

現在、広く一般に、「戦前の日本人は米国について正しい情報を与えられていなかった」「大日本帝国では日米の国力の差について国民に隠していた」などといわれることは多い。

確かに戦前・戦中の言論に対する抑圧は広く知られており、また現在のように世論調査が頻繁に行なわれている時代でもないことから、当時の一般人の考えを読みとることは簡単ではない。

そして後世の視点では日米の圧倒的ともいえる国力の差から、日本が太平洋戦争に勝利する可能性はほとんどない点を考えれば、そのような答えが出てくるのは一つの合理的な結論ではある。

だが実際に当時の書籍を紐解けば、そのような見方があまりに一面的であることが分かるだろう。

逆をいえば、日米の国力格差を知りつつ戦争に突入してしまった理由があることになる。

幕末における欧米列強に対する脅威感をバネに「列強に追いつく」ことを至上命題とした明治維新体制は、色々といびつな面を内包してはいた。

だが、結果的にそれは大きな成功を収め、明治維新から半世紀を経た大日本帝国は、世界第三位の海軍国にして国際連盟の常任理事国という、紛れもない「大国」の座を獲得したのである。

しかし、「列強に追いつく」ために造られた明治体制が、その目的を果たした後に行き詰まるのはある意味必然であり、本来ならば新たな時代に対応したシステムに取って代わられるべきであった。

ところが皮肉にも明治体制は、その成功故にこそ肯定されてしまい、新たなシステムの構築を阻害してしまったのだ。

これは戦後の日本が敗戦による焼け野原からの復興・発展のための体制を構築し、経済大国となりながらそれが「バブル崩壊」という形で破綻し、また「万年野党第一党」の方針でかなりの支持を集めてきた旧社会党（現社民党）が今では見る影もない弱小政党に落ちぶれたような実例と共通点がある。

当たり前の話だが、人の世に「完璧な体制」などあり得ない。

そして通常、体制を構築する人間は、己の造った体制の問題点を理解しつつ運用することで、その短所を補い長所を活かそうとする。

しかし多くの場合、世代を重ねることでシステムの問題点は忘れられ、それどころかその問題点すらしばしば「長所」「成功の秘訣」とまで見なされてしまう。また長年の実績あるシステムは世間一般にも少なからぬ支持が存在するのが普通であるため、おいそれと変えることができないのは当然であろう。

そして、無条件に肯定されるシステムに適応することにその能力を注ぎ込み出世した「奇形的エリート」が、体制の中核を占めるようになることになってしまうのだ。

このようなエリート達が自らのよって立つ基盤であるシステムの改革を望まないのは当たり前のことであり、それどころかシステムの問題点を逆に利用して自分たちの利益を通そうとすることすら当たり前、というよりむしろそれこそが「有能さの証明」となってしまう事態が往々にして起こる。

加えてシステムへの過剰適応は、「システム通り」の行動に対する責任意識を個人と組織の両面において希薄にし、強いいい方をすれば「堕落」させる。

たとえば、バブル期には多くの金融機関が「土地は絶対に値下がりしない。だから土地さえ担保に取っておけばよい」という、いわゆる「土地神話」への盲信から、資産価値の査定など当然やるべきことをおろそかにした杜撰極まりない融資を行ない、莫大な不良債権を生み出してしまっている。

さらに問題なのは、「システムへの過剰適応」はそのいびつさ故にこそ、一時的なかりそめの成功を収めることが往々にして起こる。

いびつな存在とは即ち特別な部分に偏重したバランスを欠いた存在であり、その偏重した部分が突出することで、見せかけ上の成功が生まれることがあるのだ。

日本でいえば太平洋戦争緒戦期の大勝利やバブル景気、九〇年代初頭の旧社会党の大幅議席増がその具体例として挙げられるであろう。

これらは後世の目から見れば、いずれも近い将来における崩壊は間違いないものであり、当時からそれに警鐘を鳴らす声も存在した。

だが皮肉にもその一時的な成功は、かえって破綻寸前のシステムの正しさの証明とされて改革の妨げになるばかりか、場合によってはさらなる深入りを招き、また破綻に直面してもその「成功体験」を引きずって事態の収拾に遅れを取り、傷をより深くしてしまったのだ。

とはいえ、その問題が渦中にいる人間にはなかなか分からないのもまた事実である。

バブル期に金融機関で仕事をしていたとして、「自分はバブルになど躍らされず、堅実な仕事しかしなかった」と言いきれる人間はどれだけいるだろうか。もし土地を担保に取るだけで責任が追求されないなら、誰であってもその楽な方に流れるのは当然だろう。

少なくとも筆者は自分に対し、それほど自信を持つことはできない。

また、後世の目で見れば明らかにおかしい「日本は米国に勝てる」「日本は長期戦でも問題はない」と主張する書籍においても、その部分だけを取り出せば決して理不尽でも神がかっているわけでもなく、詳しい事情を知らない一般人が読めば、それを支持しても不思議ではない内容である。

結果を知っている後世の人間ならばいざ知らず、いや知っていてすら「こうすれば日本は米国に勝てた」とする主張も決して少なくないことを考えれば、当時の人間が勝てると考えても何らおかしなことではない。

たとえば、現在ではもはや過去の遺物に等しい「共産主義」もまた、後世の目で見れば失敗は避けられないものであったが、それが何十年もの期間にわたって広く支持され、多数の国で実践され、そしてその全てが失敗したのだ。

そしてそのような事例もまた「過去の異常事態」ではない。

九〇年代初頭の日本では、ＰＫＯ活動を巡る議論にて「自衛隊を一度でも海外に出せば、日本は軍国主義化する」といった、後から見れば滑稽極まりない主張が国会や大手のマスコミで繰り返し唱えられ、国政を揺るがす大問題になっていた。

そんな戦後の日本人が「満蒙の特殊権益を絶対に守れ」と叫んだ戦前の日本人と、どれほど違うというのだろうか。

国家、民族、宗教、経済、人権 etc……尊重されるべきと一般に認識されているものは多々存在する。

だが同時にそれらには全て節度が必要なのであり、いかなる事柄であっても節度を失えばそれは無益どころか有害となる。酸素も多すぎればあらゆる生物を死滅させる毒となるのだ。

しかし人間は時として、自ら節度を放棄する。

なぜなら、無条件に特定の対象を正しいとした方が、個々の事象に合わせて考える必要がなくなり、また自らの責任も負わずにすむ。加えてそのような単純な論理は、異を唱える相手を黙らせるにも有効であるばかりか、場合によっては恣意的な解釈により相手を貶めることもたやすい。

だが、ひとたびそのような考えを受け入れてしまうと、後は一直線に現実からかけ離れていくだけになってしまい、最終的には自ら掲げた尊重の対象そのものにすら大きな打撃を与えてしまうことすら珍しくはない。

またそれとは逆に、特定の事柄を全面的に否定すると、それがさらに悪い形で吹き出してくることもある。

「日本は必ず勝つ。悲観論を唱えるのは利敵行為だ」とする声が、戦争の先行きを不安視する立場を圧殺して悲惨な敗戦を不可避にしてしまったように、また貧富の格差を否定したはずの共産主義体制が猛烈な格差社会を生むなど、これもまたしばしば見られる現象である。

厳然と存在する問題を表向き否定したとしても、その存在が消えることはない。

しかし建前上、それを認めないことにしてしまうと、その問題に対処する行為そのものが否定されてしまい、事態の悪化に対し目をつぶることしかできなくなる。

場合によっては、「自分たちの行なっている行為は、自分たちが非難してきたものとは違う」として肯定されることすらある。

たとえば、冷戦時代の東側における人権侵害が西側よりも遙かに苛烈だった原因の一つが、そのような抑圧もまた「共産主義体制を生み出すためのものであり、資本主義体制の矛盾が現われた西側の問題とは違う」として肯定されたからである。

世に「歴史は繰り返す」とよくいわれるが、これは表面的な事柄だけではなく、むしろ良い意味においても悪い意味においても、人間性というものが時代を経ても変わらないことが、そのような事例を招くといえるだろう。

なお、本書の執筆に関して笠原明知氏に資料と助言の双方において多大なご協力を頂きました。この場を借りて御礼申し上げます。

北村賢志

文庫版あとがき

拙書が最初に出版されてから十年が経った。

その間、日本や世界は大きく変わったという見方も出来れば、変わっていないとも言える。

現在の日本の政治や国際情勢を論じるのは本書の主旨ではないが、世界的には国際協調から一国主義が広まり、世界は多極化しつつあると言われている。

二十一世紀の初頭にはEUの発展や自由貿易の浸透により国際協調の時代だと言われていたが、今ではそれに否定する動きが世界各地で無視できない状況になっているのだ。

それだけで次の戦争につながると言い切るのは短絡的に過ぎるが、もしかすると今後の世界情勢の変化次第では、令和の現在が昭和初期の日本人のように後世からその判断の誤りを指摘される時代となるかもしれない。

そして本書で繰り返し指摘しているように昭和初期から大戦中の日本人の過ちは決して、現代の人間とも無縁のものではなく、同様の失敗を犯す可能性はあらゆる人間につきまとうと言っても過言では無い。

二十一世紀に入って第二次大戦時に関する研究が新たに進展し、日本に限らず過去に定説とされていたことについて否定的な研究成果が発表される事も多くなってきた。

たとえば第二次大戦の後半、ドイツ軍がソ連軍に圧倒されたのはソ連の物量とヒトラーの愚劣な戦争指導にあるとされてきた。しかし研究の進展によりヒトラーの戦争指導に問題があったのは間違い無いにしても、ドイツ軍指導部の作戦能力がソ連軍に劣っており、それが大戦後半に大きな差になって顕れた事が分かってきている。

だが第二次大戦後、生き残ったドイツ軍の上層部の人間は「自分達は国家元首であるヒトラーの命令に従わざるを得なかった。我々は『愛国者』として勇敢に戦った」として、全ての責任をヒトラーに押しつけ、なおかつ自分達の作戦指導がソ連軍に劣っていた部分を決して認めなかった。

そして冷戦時代、独ソ戦におけるソ連軍についての研究はそれら「ソ連軍と戦ったドイツ軍人」を元にしたものが多かった事で、それが何十年も定説となってしまったのだ。

もちろん同様の事例は日本にも数多い。

そして同じ事はいま現在起きている出来事についても言える。

いま我々が当たり前としている事が将来、それも二十年やそこら先において否定され、かつそれについて誤った認識が一般化する事があっても不思議では無いのだ。

そのような状況になったとき、拙書が読者の心の片隅で少しでも判断の一助となるのであれば望外の喜びである。

令和元年十月二十二日　「即位礼正殿の儀」の日に

北村賢志

単行本　平成二十九年四月『戦前日本の「戦争論」を読む』改題　潮書房光人社刊

NF文庫

戦前日本の「戦争論」

二〇一九年十二月二十一日　第一刷発行
著　者　北村賢志
発行者　皆川豪志
発行所　株式会社　潮書房光人新社
〒100-8077　東京都千代田区大手町一-七-二
電話／〇三-六二八一-九八九一(代)
印刷・製本　凸版印刷株式会社
定価はカバーに表示してあります
乱丁・落丁のものはお取りかえ致します。本文は中性紙を使用

ISBN978-4-7698-3146-4　C0195
http://www.kojinsha.co.jp

NF文庫

刊行のことば

第二次世界大戦の戦火が熄(や)んで五〇年——その間、小社は夥しい数の戦争の記録を渉猟し、発掘し、常に公正なる立場を貫いて書誌とし、大方の絶讃を博して今日に及ぶが、その源は、散華された世代への熱き思い入れであり、同時に、その記録を誌して平和の礎とし、後世に伝えんとするにある。

小社の出版物は、戦記、伝記、文学、エッセイ、写真集、その他、すでに一、〇〇〇点を越え、加えて戦後五〇年になんなんとするを契機として、「光人社NF（ノンフィクション）文庫」を創刊して、読者諸賢の熱烈要望におこたえする次第である。人生のバイブルとして、心弱きときの活性の糧(かて)として、散華の世代からの感動の肉声に、あなたもぜひ、耳を傾けて下さい。